AF289199

Friedrich Karl Nickel

...alleine war ich nie!

Jagdgeschichten aus Oberhessen

bodenständig & erlebt

INHALTSVERZEICHNIS

Band I

Vorwort

Vorwort

Ich über mich in Sachen Jagd ...

Im Frühsommer 1951 wurde ich im oberhessischen Glauberg geboren. Im ländlich, kleinbäuerlichen Umfeld hatte ich von frühester Kindheit an Kontakt zur Natur und den verschiedensten Nutztierarten eines Bauernhofes. Dass der Tod zum Leben gehört, war damals für uns Kinder der Nachkriegszeit oft eine mit Tränen behaftete Erfahrung aber auch eine unabänderliche Selbstverständlichkeit, denn wir wuchsen im Kreislauf des natürlichen Kommens und Gehens, Saat und Ernte, Tag und Nacht auf.

Der Großvater erzählte mir in seiner wortkargen aber treffenden Art hin und wieder von Rehen und Hasen, die er bei seiner Alltagsarbeit als Bauer auf dem Feld oder Holzrücker im Wald beobachtet hatte und rührte so sicherlich unbewusst meine Neugier auf Umwelt und Wildtiere an. Unvergessen sind die vielen Stunden und Momente, in denen ich neben ihm auf der Sitzbohle des damals schon gummibereiften und somit hochmodernen Ackerwagens hockend, als Pimpf mit der Leine die Pferde lenken durfte oder nach dem Abendbrot noch länger am Tisch verweilend, interessiert und gespannt seinen knappen Ausführungen lauschte. Seine Erzählungen drehten sich oft humorvoll-anschaulich oder ermahnend um Familie, Turnen, Musik und tägliches Gewerk, gelegentlich aber auch um Wilddiebe und Jäger unseres Dörfchens und der Umgebung aus der Zeit vor und zwischen den Weltkriegen.

Großes Interesse in diesem Zusammenhang weckte ebenfalls meine Mutter in mir, als sie mit Hochachtung und Bewunderung von einem französischen Kriegsgefangenen berichtete, der die Gabe hatte, Rehe auf seine „Pfeifen" hin zum Verhoffen oder zum Zustehen zu bewegen. Später wurde mir allmählich bewusst, dass Rainier ein Jäger aus dem Nachbarland war, und dass es sich um das Blatten gehandelt haben musste. Schmerzlich bekam ich im zweiten Schuljahr auch einmal die Haselrute des Lehrers über meinem Rücken zu spüren, als der Feldhase im Schulgarten nebenan wichtiger war, als alles andere im Klassenzimmer um mich herum. Auch dieser Gertenhieb war nicht imstande, mich von meinem Interesse an allem, was da „kreucht und fleucht", abzubringen.

Ich verschlang an abendländischer Jagd- und Tierlektüre alles, wessen ich mit meinen bescheidenen Mitteln habhaft werden konnte. Selbstredend wollte ich das Gelesene auch draußen erleben und war, sehr zum Leidwesen der hiesigen Jägerschaft, schon als Schuljunge ständig forschend in Wald und Feld unterwegs. Fährtenbilder, Gewölle, Losung, Wechsel und Fegestellen offenbarten sich mir einem Buch ähnlich. Nach einem strikten Hochsitzbenutzungsverbot der örtlichen Grünröcke klopfte ich mir lange und dicke Nägel als Steighilfe in ausgesuchte Bäume, an denen ich mich zu den

Ästen hoch hangeln konnte. Auf einer Astgabel mit einem aufgenagelten oder festgebundenen Brettchen war dann stundenlanges Beobachten mit Opas recht einfachen Ferngläschen aus der Kaiserzeit angesagt.

Onkel Karl war Jäger und hatte gottlob irgendwann das Einsehen, mich als Unverbesserlichen nach und nach in die Geheimnisse der praktischen Jagdausübung einzuweihen, zumal ich fast täglich nach den Hausaufgaben mit seiner Drahthaarhündin „Cilly von der Glauburg", in Rohrbach von Karl Schneider gezogen, in den heimischen Gefilden unterwegs war. Als Treiber, Hundeführer, Jagdhornbläser und natürlich bei Ansitzen und Pirschgängen sammelte ich nach und nach weitere grüne Erfahrung unter seiner Obhut. Die „Pirsch" begleitete mich seit meinem ersten Lehrlingsgehalt. Es gelang mir dann in den Folgejahren bis heute mit kleinen, aber oft unvermeidbaren Abstrichen, meine Tätigkeit als Zimmermann, Betonbauer und Fachlehrer Bautechnik an Berufsschulen in Familie, Jagd und Musik zu integrieren. Jagen als Handwerk, überwiegend bescheiden bis sehr intensiv, mit einem Schuss unverklärter Romantik und dem Blick „über den Tellerrand" zog sich stets als roter „Schweißriemen" durch mein grün buntes Leben.

Ein paar Anmerkungen im Vorfeld…

Beim Schreiben meiner Geschichten und der Zusammenstellung dieses Buches stand das Erzählen meiner Erlebnisse aus meiner Perspektive im Vordergrund. Ich verzichte bewusst auf eine chronologische Abfolge der Ereignisse und besondere Ausschmückung des Textes. Vielmehr möchte ich den LeserInnen einfach das Gefühl des Dabeiseins und Erlebens in den verschiedensten Facetten, Launen und Stimmungen von mir vermitteln. Gelegentliche Einwürfe im Dialekt unterstreichen die Verbundenheit zu Land und Leuten, eben Heimatnähe und Bodenständigkeit.

Natürlich sollen diese Zeilen in erster Linie der Unterhaltung dienen, wobei in diesem Wort aber auch „Haltung" steckt. Keinesfalls möchte ich jedoch belehrend und überheblich erscheinen, wenn ich vielfach erprobte und gelebte Tricks zur Praxis gebe. Es ist ein Privileg der gereiften Jahre mit Gelassenheit gemachte Erfahrungen an die nachfolgende Generation weiterzureichen, eigentlich auch in der Hoffnung, dass sie beherzigt oder zumindest teilweise respektiert werden. Man möge mir aber auch verzeihen, wenn ich zu einigen Erlebnissen und Fakten etwas gereizt wirke, denn nur Herzensangelegenheiten erzeugen Emotionen. Die mit Hingabe und teils auch mit einer Prise humoristischen Schalks verfassten Beiträge geben meines Erachtens guten Einblick in eine jagdliche Zeit und Denkweise, die heute für manchen unvorstellbar und oft sogar jenseits von Gut und Böse ist. Somit ist hinreichend geklärt, so denke ich, dass es auf meiner grünen Weste mit Sicherheit auch einige dunkle Flecken gibt!

Es ist der Abwechslung geschuldet, in einer Thematik große Zeitsprünge zu machen. Die Namen sind größtenteils geändert und Ähnlichkeiten mit noch lebenden Personen wären rein zufällig und sollten keinerlei boshafte Rückschlüsse zulassen. Das Wort „Waidmannsheil" ist bewusst und mit etwas Protest mit dem nostalgischen „a" geschrieben. Wenn vom „Feindesland" die Rede ist, so meine ich das Nachbarrevier, wenngleich uns nicht alle Nachbarn feindlich gesinnt waren. Freundliches, respektvolles und gegenseitiges Einvernehmen ist weit überwiegend und Gott sei Dank an der Tagesordnung.

Ich werfe nicht gerne mit Prognosen um mich, aber ich beobachte seit einer geraumen Weile mit Skepsis und tiefen Sorgenfalten in der Stirn die neuerlichen Jagdmethoden, bei denen mit Wärmebild und Nachtsicht das Wild angegangen wird. Es kann für den Moment zwar sauber erlegt werden, aber die Spätfolgen dieses Jagens sind in meinen Augen schon jetzt absehbar. Der Jagddruck und die ständige Vergrämung durch menschlichen Gestank zu allen Tages- und Nachtzeiten in den entlegensten Revierteilen und dem damit einhergehenden Stress für unser Wild werden natürlich eine Anpassung zur Folge haben. Außerdem, was höchst bedauerlich ist, wird die „hohe Kunst" des Jagens in kurzer Zeit verloren gehen, wenn wir uns von der Technik sagen lassen, wo sich Reh, Hirsch, Sau, Waschbär, & Co. gerade aufhalten. Unser Wild hat die besseren Sinne, reagiert äußerst empfindlich auf permanente menschliche Störungen seines natürlichen Lebensraumes, stellt sich um, wird noch heimlicher und sucht nach Ausweichmöglichkeiten..... und die wachsen mit den sich umformenden und klimabedingt neu gestaltenden Wäldern unsrer Heimat...!

Ein Lösungsansatz dieses Problems wäre: Diszipliniertes Maßhalten und nach alter Väter Sitte, sich vor dem Jagen ein relativ genaues Bild der Revierverhältnisse, der Schadensflächen oder an jagdlichen Einrichtung über Windrichtung und Wechsel zu machen, dann auf den vier Buchstaben hocken bleiben und möglichst wenig pirschen oder Wild angehen. Natürlich kann es in diesem Fall auch passieren, dass der Kühlschrank schon mal leer bleibt. Auch das ist Jagd. Ein Spruch der Altvorderen: „Zwölf mal zieht der Jäger aus, elf mal kommt er leer nach Haus!"... muss nicht unbedingt, kann aber schon mal sein!

Auch musste ich im Laufe meiner mittlerweile doch zahlreichen Jägerjahre immer wieder und oftmals auch schmerzlich erkennen, dass nichts beständiger auf diesem Erdenrund ist, als bösartiger Neid und hinterhältige Missgunst, insbesondere in „grüner" Weltanschauung und Naturverständnis. Hier und da war und ist auch bei mir die Fünf gelegentlich eine gerade Zahl und nicht jede politisch gefärbte Verordnung, speziell in Sachen Jagd, in meinen Augen unbedingt einhaltenswert.

Ferner habe ich festgestellt, dass es am vorteilhaftesten im Miteinander ist, die Fähigkeiten anderer anzuerkennen und vermeintliche Fehler des Gegenüber zu einem gewissen Grad zu akzeptieren und zu respektieren, keinesfalls ihm aber oberlehrerhaft zu begegnen. Eine Partnerschaft auf Augenhöhe ohne Frage nach Bildung und Stand führt zu bestem Einvernehmen in der Sache. Voneinander Lernen wollen ist ein gesundes und gutes Fundament für die Lebensschule und dauerhafte, auch jagdliche Freundschaften.

Vom ersten Gedanken „...schreib mal auf...!" bis zur Fertigstellung dieser Lektüre sind einige Jahre ins Land gegangen. Wenn dann irgendwann eine Leserin oder ein Leser hin und wieder dieses Büchlein nachdenklich schmunzelnd und auch vielleicht sich selbst erkennend, sinken lässt, hat sich der Aufwand gelohnt, denn Engel sind wir alle nicht... und draußen niemals alleine!

Friedrich Karl Nickel, Blattzeit 2024

1. Hochsitzbau

Zu meinen Erfahrungen in Sachen Ansitzeinrichtungen beginne ich am besten Mitte der Fünfziger des vergangenen Jahrhunderts. Der Samstag in der Nachkriegszeit war entweder noch regulärer Arbeitstag oder etwas später überwiegend der privaten Bautätigkeit auf dem Land vorbehalten. Das große Wirtschaftswunder stand je nach Anschauung noch in den Startlöchern oder hatte schon Fahrt aufgenommen. Gegenseitige nachbarliche Hilfe in fast allen Lebenslagen, auch mal augenzwinkernd am Fiskus vorbei, war an der Tagesordnung, selbstverständlich und auch oftmals lebensnotwendig.

So kam es, dass unter der „Kommandoführung" meines Onkels Karl, klein von Statur und Metzgermeister unseres Dorfes, an einem sonnendurchfluteten Samstagnachmittag eine kleine Korona, jagdlich gewandet, mit eisenbereiftem Handwagen, Gummistiefeln, Hammer, Axt, diversen, meist zu kleinen, rostigen und vermutlich erst zuvor gerade geklopften Nägeln, wahrscheinlich stumpfer Handsäge und gebrauchten Brettern in Richtung Wald zum Hochsitzbau unterwegs war. Natürlich kam der erste Stopp gleich um die Ecke am „Linnebaam" bei Käthes VI-VO-Lädchen, wo Proviant in Form von je einer Flasche Bier für die gestandenen Waidmänner und für uns Buben auch eine Sinalco zugepackt wurde. Natürlich konnte ich damals noch nicht ahnen, dass dieses Ereignis für mich die ersten Schritte in ein ausgefülltes Jägerleben sein sollten.

Aber zurück: Standort dieser geplanten jagdlichen Einrichtung war ein lichter Buchenaltbestand hinter der Jagdhütte mit eingestreuter Naturverjüngung. Der zu bauende Hochsitz diente dem einzigen Zweck, den Grenzbock aus dem nahen Feindesrevier abzuknipsen. Die Böcke gehörten selbstredend natürlich nur in dieses Revier! Sauen waren damals hier aufgrund der fragwürdigen Jagdmethoden unsrer Besatzer, den Saufängen und anderer rüden Methoden äußerst selten geworden; redensartlich höchstens jedes Schaltjahr verlief sich mal eine Wutz in unsere Gefilde. Hasentauglich war dieser Platz aber allemal, denn der Feldhase war damals neben Reh, Fasan, Ente und dem Rebhuhn die Hauptwildart in unseren kleinparzelligen, von keiner Flurbereinigung heimgesuchten, Revieren.

Der an eine dicke Buche angelehnte Sitz erinnerte stark an die Karikaturen unseres genialen Heinz Geilfuß. Bei unterschiedlichen, nicht immer waagrechten Sprossen der Leiter in Abstand von 20 bis 30 Zentimetern und einem halbverfaulten Sitzbrett war das Besteigen und Nutzen mehr als abenteuerlich und eigentlich aus heutiger Sicht nicht zu verantworten. Die Bauzeit dieses, für uns Buben doch relativ hohen, Abenteuergerüstes erstreckte sich mit Sicherheit, so glaube ich, noch über den Sonntag. Ausgenommen war selbstverständlich die Zeit des Kirchganges. Auch frage ich mich heute, wie man dort oben mehrere Stunden auf dem schmalen, schiefen Brett ohne Rückenlehne ruhig sitzen und dann auch noch einen sicheren Schuss abgeben konnte. Dazu kam noch eine Verblendung aus grünen Fichtenästen, die aber schon nach kurzer Zeit sämtliche Nadeln verloren hatte, und somit den jämmerlichen Anblick nur noch verstärkte. Ständiges Knarren oder Ächzen des Jammergestells durch Wind und schmerzhaftes Bewegen machte wahrscheinlich so manche Ansitzstunde zunichte.

Leider weiß ich nicht, wie viele Rehböcke trotzdem von dort erlegt wurden. Ich denke doch einige, die auch mit an Sicherheit grenzende Wahrscheinlichkeit nicht immer gemeldet und auf den Pflichttrophäenschauen der damaligen Zeit mit dem gefürchteten „Roten Punkt" vorgezeigt wurden. Als Jugendlicher saß ich dann hin und wieder selber auf diesem Sitz und brachte als nachhaltige Lernerfahrung die erlittenen Rückenschmerzen in meine zukünftige Laufbahn als Zimmermann und Jäger ein.

Viele Jahre später, als Mutter Natur aus diesen Buchenrauschern einen stattlichen Jungwald hatte werden lassen, kam an fast die gleiche Stelle ein Erdsitz, der bis heute - auch der nahen Grenze wegen - immer wieder beste Chancen auf Sau und Reh bietet.

Bei einem Ansitz zur Blattzeit auf einem Baumstubben nahe dieser Stelle bot knappe zehn Meter neben mir einmal eine Bache ihren Fröschen im kühlen Buchenschatten die Milchquelle. Mit einen flaumem Gefühl in der Magengegend lernte ich dabei schmerzlich-juckend das Stillsitzen auf der Jagd trotz Schnaken und Bremsen! Auch hörte ich, dass vor vielen Jahren ein hiesiger Jäger sich schon am 15. Mai abends dort ansetzte, um den am 16. Mai aufgehenden Rehbock vorzeitig vor den Nachbarn an der Grenze zu erlegen. Sein Jagdgenosse wartete an der nahen Jagdhütte, um sofort einen zweiten Schuss mit Schrot in die Luft abzugeben, sollte das Vorhaben gelingen. Man hätte aufgrund des Doppelschusses sagen können, man habe einen Fuchs geschossen, aber niieeemaaals ....nein... auch noch in der Schonzeit.... das macht man doch nicht... Bauernschläue....!

Profis

Im zweiten Drittel der 60er, immer noch ohne Jäger-
prüfung, aber passioniert bis unter den Hut, begleitete
ich oft Onkel Karl in ein Revier nahe „Beuringe".
Jagdneid der Mitjäger und Querulantentum gepaart
mit Rechthaberei und Böswilligkeit war der Grund
seines Revierwechsels. Daran hat sich auch bis heute
in den meisten Jagdbögen nicht viel geändert, so mei-
ne langjährige und oft bittere Erfahrung. Irgendeiner
tut immer so, als hätte er dieses ehrbare Handwerk
gerade neu erfunden. „Klappe halten un gugge!" wä-
re oftmals besser.

In diesem, oben genannten Revier lernte ich neben anderen jagdlichen Gepflogenheiten und Verhältnissen auch ein anderes, lodengrünes Umfeld kennen. Hier standardisierten wir den Hochsitzbau. Mit von der Partie waren zwei Waldarbeiter und Kleinbauern aus dem Dorf, Richard und Otto, mit denen bestens zu arbeiten war. Ich war damals schon im Besitz einer Kettensäge und konnte auch aufgrund meines Berufes damit recht gut umgehen. Handlanger, Bierholer und weitere Jagdkollegen erleichterten uns das Arbeiten mit Fichtenstangen, sägerauen Brettern und Schwarten. Ungezwungenes Arbeiten in Gottes freier Natur in angenehmer Gesellschaft, was „gleicht wohl auf Erden...?"

Auf einem provisorisch eingerichteten Zimmerplatz in Hüttennähe legten wir nach bewährter Art der Zimmerleute vergangener Jahrhunderte das Grundgerüst einer Kanzel waagrecht am Boden vor, eine Technik, die ich bis heute beibehalten habe. Zur Rückenschonung und einfacherem Arbeiten benutzte ich damals dickere Stämme, heute Zimmerböcke, zum Auflegen der Hölzer. Das erste, wegen der Grundflächenvergrößerung unten ausgestellte, Kanzelteil bestand aus den beiden Pfosten einer Seite mit einem Querholz im Abstand über dem Erdboden und einem Holz als Bodenträger oben, inklusive einer Strebe als diagonale Aussteifung. Ebenso wird das zweite in gleicher Anordnung darübergelegt, des Strebenverlaufes wegen. Die Länge der tragenden Fichtenstangen richtete sich nach dem Standort, der erforderlichen Bodenhöhe und dem Wunsch, ob der Sitz mit oder ohne Dach gefertigt werden sollte.

Zum Zusammenbau lag eines dieser Bockgerüste auf dem Boden, das andere wurde als Gegenstück von den Helfern darüber gehalten und mit den zuvor abgelängten und angeblatteten Stangen und Streben zu einem Geviert vernagelt, ausgerichtet und dann aufgestellt. So stand der Bock auf vier Füßen, absolut sicher miteinander verstrebt und verbunden. Die Leiter wurde ebenfalls vorgefertigt. Relativ dicke Stangen dienten als Holmen. Sie wurden im Dreißig-Zentimeter-Abstand gering eingeschnitten, mit Dexel oder Kettensäge keilförmig ausgeblattet und mit kantig behauenen Sprossen vernagelt. Mit dem Fuhrwerk ging es zum auserwählten Standort, wo Verkleidung aus Schwarten oder unbesäumten Brettern angebracht und eventuell das Dach montiert wurde. Natürlich durfte nach heiligem Brauch der Zimmerleute ein kleines Richtfest nicht fehlen. Die bevorzugten Biersorten waren Pfungstädter und Weihenstephan. Der Bestünder hatte eine Bierniederlassung, und Onkel Karl war für die Fleischwurst zuständig.

Heute fertige ich eine überdachte Kanzel mit den Bodenmaßen 1,10 x 1,10 Meter. Hier ist im Winter Platz für genügend Bewegung im Ansitzsack, und bei schönem Wetter passt auch eine Begleitung dazu. Die Wände aus senkrechten sägerauen Brettern, links- oder rechtsseitigem Einstieg, Sitzbank mit bequemer Rückenlehne, rundum geschlossen und mit Dach als Typ „Susi" (Saunauntensitzer) sind für das verwöhnte Jägerlein mit vertikalen Schiebefenstern versehen.

Der bevorzugte Typ „Friedel" ist halboffen, natürlich auch überdacht, drückjagdtauglich mit pfostenfreier Sicht nach vorne und ist ebenfalls schnell in Serienfertigung mittels Schablonen hergestellt. Ein Ablagebrettchen, kurz „Theke", für Fernglas oder „Labendes" darf nicht fehlen, ebenso sichere Handgriffe am Einstieg. Der Umwelt zuliebe verzichte ich selbstredend auf chemische Imprägnierung, lege aber großen Wert auf den konstruktiven Holzschutz. So haben meine ersten Kanzelaufbauten dieses Typs mittlerweile fast 40 Jahre voll funktionsfähig auf dem Buckel.

„Typ Friedel"

17

Über Geschmack lässt es sich freilich streiten. Kanzeln dieser Typen sind nicht das allein Glückseligmachende, aber ein hervorragender Kompromiss und seit Jahrzehnten in vielerlei Hinsicht bewährt. Die mittlerweile in Mode gekommenen „Balkone" vor der Kanzeltüre lehne ich nicht nur aus Sicherheitsgründen kategorisch ab. In unseren Breiten genügt in den meisten Fällen eine Bodenhöhe von maximal drei Metern, wodurch sich auch der „Tote Winkel" auf ein erträgliches Maß reduziert.

Mit dem Bestehen der Jägerprüfung und dem damit verbundenen Beutemachen forcierte ich den Hochsitzbau nach und nach zu den Grundregeln:

Du solltest sicher und leise hinauf und wieder herunterkommen, oben auch mal gefahrlos hinter die Augenlider blicken können und ohne viel Bewegung gute Sicht bei bestmöglicher Tarnung haben!

Ebenso sind meine Drückjagdböcke standardisiert. Sie bestehen aus zwei in sich verstrebten Rahmen in einer Tiefe von 1,15 Meter mit den Auflagehölzern für den Boden, die Sitzbank, natürlich mit schräger und dadurch bequemer Rückenlehne, und der oberen Begrenzung mit der aufliegenden Abdeckung mittels Brett als konstruktiven Holzschutz. Als Baumaterial verwende ich sowohl Rund-, Halb- als auch Kantholz. Lärche oder Douglasie ist von Vorteil. Die Breite kann von Sitz zu Sitz variieren und hat sich bei etwa 100 Zentimeter eingependelt. Auch die Bodenhöhe ist je nach Standort und verfügbarem Material von Sitz zu Sitz unterschiedlich und reicht von 0,2 bis 2,0 Meter. Diese sogenannten Drückjagdböcke sind auch von einer Person auf einem PKW-Anhänger zu transportieren und ebenso leicht aufzustellen. Im Bedarfsfall können Schrägstützen gegen Windwurf einfach oben angeschraubt und unten in den Boden gedrückt werden.

Ein wirksames Mittel gegen zu schnelles Faulen bei Erdkontakt der Pfosten und als Bodenfundament sind gebrauchte Gehwegplatten generell zu empfehlen. Als Bodenverankerung und brauchbare Sturmsicherung verwende ich mittlerweile bei fast allen Hochsitzen anstatt schnell faulender Holzpfähle, kräftige, längere Winkeleisen (4 x 40 mm, 1,20 m), die nach dem Einschlagen oben mit Schrauben oder Nägeln an den Ständern befestigt werden. In den letzten Jahren setzten sich immer mehr Tellerkopfschrauben zur Befestigung statisch relevanter Hölzer durch. Unsere akkubetriebenen Handmaschienen sind generell ein Segen beim Arbeiten in Gottes freier Natur.

„Typ Susi"

Aufgebaut und hingesetzt

Nach einem sonntäglichen Frühansitz sah ich während der informativen Gummipirsch hinter der Mühle an der Hohl oben zwei Füchse im Februarschnee. Am folgenden Montag fertigte ich nach dem oben beschriebenem Muster einen solchen Drückjagdbock und stellte ihn mit dem Rücken an die Hecke der „Mockstädter Hohl". Professionelle Hilfe hatte ich von meiner neunjährigen Tochter. Mit beginnender Dunkelheit war das Werk vollendet. Nach Begutachtung und Testat vom Töchterlein ging es zum Abendbrot nach Hause, wohnten wir doch im Revier.

Gegen 19.00 Uhr saß ich dann im Ansitzsack auf diesem Sitz. Es dauerte gar nicht lange, da kam schon der erste Fuchs von vorne über Kimm gerade auf mich zu. Auf gute 50 Meter mäuselte ich. Wie angewurzelt stand er hoch aufgerichtet. Es war sein letztes Sichern. Die Hornet bannte ihn auf den Platz. ... Siehste, da hat sich die Mühe vom Nachmittag doch schon gelohnt! Langsam schiebt sich der knappe Vollmond über den Altbuchenbestand des Brüderbrünnchens am östlichen Horizont. Seit dem „Bätsch" der Hornet ist ungefähr eine halbe Stunde vergangen. Aus dem Augenwinkel sehe ich links oben, und gar nicht weit, eine Bewegung. Diese hat eine Lunte und steht breit. Das gedimmte Leuchtabsehen zeigt genau, wohin das Kügelchen fliegen soll. Meister Reinecke macht eine Steilflucht und bleibt am Platz. Super! Innerlich muss ich schmunzeln, kommt mir doch gerade Wilhelm Buschs Lehrer Lämpel mit seiner Zufriedenheit in den Sinn.

Immer wieder wandert der Blick durch das Fernglas zu den reglosen Flecken im Schnee. Hm, ist ja Spätranz, denke ich! Der Letzte war relativ klein, also vielleicht eine Fähe? Abwarten! Hustenreiz kommt auf! Ein kurzes Nippen am Flachmann. Der Obstler aus eigenem Brand unterbindet sofort den Anflug einer lauten Störung. Glück gehabt. Minuten später bestätigt sich meine Vermutung. Ein starker Fuchs kommt mit tiefer Nase auf der Spur der Kleinen. Er stutzt, als er in ihre Nähe kommt und legt sich bleischwer neben sie. Donnerwetter! Drei Füchse!

Langsam kriecht die Kälte auf dem offenen Sitz die Beine hoch. Es ist halb Elf und die Flasche angewärmten Biers (nur der Nieren wegen) auf der Fensterbank über dem Heizkörper zuhause zieht mächtig. „Bleib noch etwas!" empfiehlt das Jägerherz! „Da ist doch der Flachmann, nimm noch einen wönzigen Schlogg!", sagt das Teufelchen. Ich werde schwach und nippe. Rechts unten, von der Mühle her, noch ein Rotrock, aber sehr weit! Ich riskiere nichts! Weg ist er! Wenn der auch noch gekommen wäre ...!

Über Kimm, in Richtung Schwalbengrund, bellt erneut einer seine Sehnsuchtsarie in den Nachthimmel. Gut, dann warte ich eben doch noch etwas länger! Tatsächlich kommt er wieder spitz von vorn auf die Hecke zu. Eine kleine Drehung von ihm nach dem Mäuseln war seine Letzte! - Fuchs Nummer vier!

Ein Hase kommt wenig später aus der Hecke links neben mir. Ich sehe förmlich seine Erleichterung vor meinem geistigen Auge, als er sich dem leblosen Fuchspärchen nähert. Dann hoppelt er weiter fast bis zum nächsten Rotrock. Hier glaube ich sogar ein gefälliges Nicken von Meister Lampe gesehen zu haben, und muss fast laut lachen, als er auch noch den vierten aufsucht! Genugtuung, so bilde ich mir ein, sehe ich in seinem Gebaren, liegen doch vier seiner

Widersacher reglos im Schnee!! - Jetzt aber schnell nach Hause in die warme Stube!

Anderntags habe ich später Unterricht. Da könnte es noch mit einem Morgenansitz an gleicher Stelle klappen. Außerdem muss ich ja noch meine Füchse einsammeln, die ich bewusst der nächtlichen Störung wegen am Platz belassen habe! Gesagt, getan! Noch in der Dunkelheit, kurz vor Tagesanbruch, beziehe ich wieder Stellung. Fuchs Nummer fünf läuft noch in der Morgendämmerung in die Schrotgarbe des Drillings! Alle fünf lege ich dann an der Jagdhütte zur Strecke. Der alte Beständer schmunzelt ein ehrliches Waidmannsheil, als ich ihm nach dem Unterricht den Verlauf der vergangenen Nacht erzähle, und darauf zu Hause mit dem Abbalgen beginne.

Wildackerkanzel

Unser Wildacker am Buchwald wurde recht gut von den Sauen gezehntet. Ihr Einstand war gute 100 Meter von diesem Mais in den Buchenrauschern mit Südhanglage entfernt. Von dort aus unternahmen sie ihre nächtlichen Streifzüge in die wildschadenspflichtigen Äcker unseres Reviers. An den Rand dieses Feldes musste dringend, und wie immer schnellstens, ein Hochsitz unter Wind gestellt werden.

Ich nahm ihn in Angriff. Die Hanglage machte eine Bodenhöhe von knapp drei Metern erforderlich. Als Aufbau kam der mittlerweile standardisierte Kanzeltyp „Friedel", des pfostenfreien Ausblicks wegen, zur Ausführung. Die auf meinem Zimmerplatz vorgefertigten Teile nebst Untergestell wurden an einem sonnigen Nachmittag per Pkw-Anhänger an den ausgesuchten Standort verbracht, aufgerichtet und ausgebleit. Dies ist für einen routinierten Zimmermann kein Problem. Allerdings hatte ich für diverse Handreichungen wieder meine Tochter mit ins Boot geholt. In gut zwei Stunden war das Werk vollbracht. Jetzt wies ich von erhöhter Warte Sina an, sparsam noch ein paar Maisstängel zu knicken, des besseren Schussfeldes wegen. Danach war Duschen und Abendessen angesagt.

Gesättigt und rundum zufrieden setze ich mich noch in der Dämmerung auf die neue Kanzel. Der Septembermond kroch langsam in die Höhe, als plötzlich im Mais vor mir eine einzelne Sau schmatzte. Kein Laut hatte ihr Kommen angekündigt. Sie stellte sich breit und ich ließ fliegen. Ihre Todesflucht endete auf dem Anfahrtsweg. So ist es brav. Überläuferbache, nicht besonders stark, allerdings drei winzige Frischlinge in der Tracht, die sehr schwach in den Winter gekommen wären.

Auch heute noch setze ich mich gerne auf neu aufgestellte Sitze und habe auch öfters schon beim ersten (Probe)Ansitzen Waidmannsheil, wovon folgende Geschichten erzählen.

Drückjagdbock

In eine Abteilung mit erheblichem Windbruch sollte schleunigst eine drückjagdtaugliche Kanzel gestellt werden. So lautete die Vorgabe nach demokratischem Beschluss. Typ „Friedel" wurde gewählt und kurzfristig auf- und fertiggestellt. Noch in den letzten Sonnenstrahlen des gleichen Tages bezog ich dort Stellung. In beginnender Dämmerung zog ein starker und alter Bock, den niemand kannte, über die Rückegasse Richtung Alteburgkreuz. Ich hatte ihn frei und legte ihn auf die Decke. Noch im Glücksgefühl des braven Bockes wegen, wischte ich mir die Augen ungläubig in Richtung Bock. Ein starker Kuder (Wildkatze!!) beschnüffelte das Reh und verschwand kurz darauf geisterhaft in dem angrenzenden Unterholz. Zum Handyfoto wäre es schon zu dunkel und zu weit gewesen. In diesem Gedanken bemerkte ich ein

Stück weiter oben einen großen, schwarzgrauen Fleck vertraut auf der schmalen Schneise...! Keiler, 100 kg plus! ... zu weit! ...Vom Schuss auf den Bock bis zum Verschwinden des Bassen waren gute fünf Minuten vergangen!

Toskana

Die letzten Tage in unserer „Oberhessischen Toskana" waren von unübersehbarer Schwermütigkeit überschattet. Auch deftige Sprüche und etwas „Galgenhumor" konnten den Chef nicht ernsthaft erheitern. Nach über dreieinhalb Jahrzehnten musste er das traute Revier wegen Neuverpachtung räumen. Scheiden tut weh! Das abgelaufene Pachtverhältnis, welches den Genossen schon über die vielen Jahre einen sehr guten und überdurchschnittlichen Zins einbrachte, wurde für sehr viel mehr an einen neureichen Städter vergeben. Dieses Männlein, jagdlich drittklassig, war steinalt, stinkreich und wollte auch einmal selber ein Revier haben! Er bot den Jagdgenossen den doppelten Preis, der normalerweise für eine Hochwildjagd im Rotwildkernrevier gezahlt wird...! Natürlich bekam er den Zuschlag, denn Geld stinkt nicht!

Übergabe der Jagdhütte, Abbau von alten Kanzeln, Aufgabe der Wildäcker, und vieles mehr, war ein bedrückendes Abschiednehmen, aber auch ein Erinnern an Jagen und Ereignisse der besonderen Art. Die unterschiedlichsten Mitjäger waren jahrzehntelang hier zugegen. Freud und Leid wurde ertränkt, geteilt und in dicke Zigarrenwolken eingehüllt. Die Begebenheiten und Erlebnisse würden sprichwörtlich ein dickes Buch füllen.

Beim Aufschichten eines Brennguthaufens aus maroden Hochsitzen und anderem Brennbarem auf der Schäferwiese besprachen wir das weitere Vorgehen der Aufräumarbeiten. Ich hatte schon an einigen Tagen vorher den Abtransport diverser Sitze erledigt. Der nächste lag unweit des Brandplatzes. Ihn hatte der letzte Sturm gefällt. Dabei zerbrachen dem relativ hohen Drückjagdbock drei Ständer, die wahrscheinlich auch schon etwas angeknackst waren. Ich wollte ihn auf den PKW-Anhänger hieven, um ihn zuhause auf meinem Zimmerplatz zu richten. Auf der Fahrt zu diesem „Sündenbock" drehte ich ein Stück weiter hinten am Waldrand mein Gefährt. Dabei kam ich an frisch eingesäten Äckern vorbei. Der eine war stark von den Schweinen heimgesucht. Wir hatten noch späten Halbmond, und ein Ansitz dort versprach Beute. Spontan hatte ich eine Idee, die auch dem Chef zusagte. Anstatt aufwändiger Reparatur des Drückjagdbockes schnitt ich das Untergestell knapp unterhalb des Bodens ab. So entstand ein niedriger Erdsitz, den wir an den Rain des Schadenackers stellten. Hier bekam er noch notdürftige Streben und eine Sitzbank.

Nach Vollendung dieses „Prachtstückes" verdrückten

wir noch anlässlich der Geburtstagsfeier des „Obertreibers" diverse Fleischkäsebrötchen und traten dann die Heimfahrt an. Zuhause wurde der Anhänger abgehängt, das Wildkörbchen aufgesteckt, Winterklamotten überprüft, Repetierer ins Futteral gesteckt, und ab ging es wieder in die „Toskana" zum besagten Erdsitz. Nach einer Stunde leidlichen Sitzens hörte ich die ersten Sauen in der Feldholzinsel des Nachbarreviers. Sie zogen aber über die westliche Kuppe und waren einfach weg. Lange Zeit geschah nichts, außer, ein Fuchs sagte höflich „Guten Abend". Natürlich pardonierte ich ihn.

Dann gab es aber heftiges Leben im Revier. Über dem „Hessengraben" schreckten gefühlte zwanzig Rehe. Dieses Getöse zog sich wie an einer Perlenschnur zum Wildacker, dann durch die „Ulf", und rüber in den „Hellewaald", also in einem riesigen Bogen bis fast in meinen Wind und Rücken. Erleichtert vernahm ich nach einer Weile einen vielversprechenden Quiekser auf drei Uhr hinter dem Heckenstreifen. Es dauerte aber dennoch, bis ich die Bande durchs Glas schemenhaft ausmachen konnte. Vage zählte ich neun Wutzchen, die sich ständig ineinander schoben. Die hatten Zeit ….und ich fing gottserbärmlich an zu frieren. Mantel und Fleecejacke schließen, wollene Fingerhandschuhe an, und das Glas nicht mehr von den Augen lassen…! Warten...!.

Jetzt bricht die Bande schon auf dem Acker, aber die 200 m sind einfach zu weit! Angehen ist in diesem Fall auch nicht gut...! Die Minuten schleichen..., aber sie kommen näher! In diesem Warten kreisen meine Gedanken abwägend, und ich befehle mir, doch Ruhe zu bewahren und tatsächlich nicht anzugehen. Abergläubisch, wie die Jäger meistens sind, stelle ich zudem mit Schrecken (nicht das der Rehe) fest, dass ich notgedrungenermaßen einen funkelnagelneuen Hut auf dem Kopf habe...! Hoffentlich geht das gut...?

Allmählich kann ich die einzelnen Schweine gut erkennen und mache mich behutsam fertig. Extrem nach rechts verdreht und mit maximaler Größe des Zielfernrohres harre ich der Dinge, die da kommen sollten...!? Weit auseinandergezogen stehen sie meist spitz. Alle Neun haben ziemlich die gleiche Größe. Augenscheinlich fehlt die Leitbache, die ich letztens noch bei dieser Rotte gesehen habe. Wahrscheinlich hat sie sich zum Frischen abgesetzt. Jetzt wendet eine in der Mitte. ...Bautz! ...die Rotte geht ab... ein regloser schwarzer Fleck bleibt! Abwarten und drauf bleiben... Ruhe kehrt ein...sie liegt! Zum Bergen fahre ich dann über den Acker, mindestens 110 m, Frischlingsbache, 28 kg, sauber Hochblatt, und das mit neuem Hut! An der Hütte verbreche ich dankbar und glücklich unsere Letzte nicht ganz waidgerecht mit einem Eibenbruch.

Anmerkung: Diesem „Möchte-gern-auch-mal-Pächter-sein" wuchs nach zwei Jahren das Jagen in diesen Gefilden einfach über den Kopf und er suchte Wege aus dem Vertrag…!

2. Kumpel auf vier Pfoten

In dörflichem Umfeld und mit Tieren aufgewachsen, wünschte ich mir schon als Kind sehnlichst einen Hund. Wie bereits erwähnt, holte ich mir schon als Achtjähriger fast täglich Cilly, die DD-Hündin des Onkels und durchstreifte mit ihr Feld und Wald. „Jagen ohne Hund ist Schund!", so meine feste Überzeugung bis zum heutigen Tag. Zur Zeit führe ich die Ardennenbracken Alf und Paula, unsere Hunde Nummer 17 und 18! ...ich führte meistens zwei, bzw. drei Hunde.

Beginnen muss ich der Vollständigkeit halber und zur Abrundung mit unserer ersten Hexe.
Wochentags, Anfang der 60er Jahre, die Familie sitzt nach dem Abendbrot noch am Küchentisch in Gespräche über Tagesabläufe, Zeitgeschehen, Schularbeiten und Berufsalltag vertieft. Es klopft an der Türe. Alfred betritt unsere Wohnküche und beginnt nach den Höflichkeitsfloskeln und der Frage: „Was führt dich zu uns?" mit dem Grund seines Besuches. „Ei, Otto, ich will mer e Audo kaafe! Woas maanste dann?" So der Beginn des Kapitels Hund, welches mich ein Leben lang begleiten sollte!

Otto, mein Vater, war ein sehr guter Autoschlosser in einer Zeit, in der die heutige Berufsbezeichnung Kraftfahrzeugmechatroniker nur ungläubiges Kopfschütteln bewirkt hätte. Oft wurde er aus unserem großen Bekanntenkreis nach Rat und Hilfe rund ums Auto gefragt. Neben technischer Fragen kam auch in dem hier beschriebenen Fall kurz die Kfz-Steuer zur Sprache. Diese erschien mir als naseweiser Pimpf ziemlich hoch und ich warf vorlaut in die Runde: „Ein Hund kostet nur 16 Mark Steuer im Jahr!" Alfred hakte ein und eröffnete uns, dass er den Dackelmix seiner zukünftigen Schwiegereltern vermitteln könnte. Mir leuchteten die Augen. Der Familienrat tagte am folgenden Tag und kam zu dem Ergebnis: „Ja, du darfst ihn aber nur haben, wenn die Note in Rechnen besser wird!" Großes Ehrenwort meinerseits und die schwarz gelockte Dackeldame war zwei Tage später Familienmitglied.

Mäuse jagen und das damit verbundene Löcher buddeln in Garten und Scheune war ihr Lebenselixier. Sonstiges Jagen war ihr fremd und so blieb es auch. Hexe, auch Lockentoni genannt, durfte sich Sachen herausnehmen, von denen wir Buben nur träumen konnten, z.B. Wurstscheibchen ohne Brot! Die Zeugnisnote in Mathe nach diesem Halbjahr war „gut" und blieb auch in den Folgejahren annehmbar bis akzeptabel!

Mit Handkäse, eine Spezialität Oberhessens, konnten wir Hexe um den kleinen Finger wickeln. Für ihn verriet und leugnete sie Gott und Vaterland. Welche Nasenleistung auch ungeübte Hunde haben, zeigte sie uns an folgendem Beispiel deutlich: Wenn Mutter vom Einkaufen aus dem Laden um die Ecke kam und die Tasche mit Lebensmitteln auf den Tisch stellte, gab es bei der normalen Begrüßungszeremonie nichts weiter als Hinlaufen und Schwanzwedeln. Aber wenn

31

sich Handkäse in der Einkaufstasche befand, spielte sie schon verrückt, tanzte und bellte, wenn sich nur die Klinke der Haustüre bewegte. Zwischen ihr und dem Käse lagen der meist kalte Flur und die noch verschlossene Haus- und die Küchentüre! Natürlich gab es für sie auch immer ein Minihäppchen dieser hessischen Spezialität etwas später vom Tisch.

Arry

Hexe wurde alt und die Drahthaarhündin „Carola von der Försterstadt" wurde von einem Terriermix in einem unbeaufsichtigten Moment, nämlich nächtens, belegt! „ ... da ist kein Hoftor zu hoch und kein Wasser zu tief ...!" so ein geflügeltes Wort. Elf Hundebabys, alle schwarz mit kleinen weißen Abzeichen, auch Brackensterne genannt, waren das Resultat. Ich brauchte dringend einen Hexe-Nachfolger und vierbeinigen Kumpel für die stark in mir keimende Jagd. So kam mir der Wurf sehr gelegen, zumal er im Hof der nahen Metzgerei des Onkels lag. Mich suchte Arry aus, indem er gleich zu mir krabbelte, als er die Wurfkiste gerade so verlassen konnte. Das endgültige „Ja" des Familienoberhauptes zu meinem, ins Auge gefassten, Welpen fiel mit dem berühmten „dritten Tor" von England!

Die folgenden Wochen verliefen mit schnellen Schularbeiten und ausgedehnten Hundebesuchen, bei denen ich Arry schon oft zum Knuddeln und Spielen die paar Schritte mit nach Hause nahm und ihn dann später wieder an der Milchquelle ablieferte. Diese unbewusste Prägung auf mich begriff ich erst Jahre später. Es war damals halt eine andere Zeit und niemand kümmerte sich groß um einen Bastard oder wusste etwas über Hundepsychologie. Arry und ich wurden unzertrennlich. Ich brauchte nur wenige Worte oder Kommandos; wir verstanden uns blind. Arry stand vor, hatte die Schärfe eines Jagdterriers, die Sanftheit eines Lammes und einen unbändigen Finderwillen, gepaart mit einem ebensolchen Beschützerinstinkt.

In dieser Zeit war ich ständiger Jagdhelfer im Revier Diebach, wieder mit Onkel Karl. Ebenfalls dort waidwerkte auch Karlheinz, der schon einen Jugendjagdschein erworben hatte und nur geringfügig älter war als ich. Gemeinsam jagten Arry, Karli und ich unbeschwert Fasane, Rebhühner und Hasen. Arry war aufgrund seines Multitalents dabei unabkömmlich und dringend notwendig. Auch begeisterte und prägte er Karlheinz, der ab seinem ersten Kurzhaar, damals nach Arry, bis heute gute Schweißhunde führt.

Hundert Geschichten füllten ein Buch nur über Arry. Die folgenden sind aber besonders erzählenswert:

Nachlässigkeit

Freitag Nachmittag im Oktober, ich wollte meine Freundin in der nahen Kreisstadt abholen. Der Weg führte mich an Aulendiebach vorbei. Die Reviergrenze zu Rohrbach ist ein schilfbewachsener Graben, der gerade von den Nachbarn jagdlich abgestoppelt wurde. Ich stellte meinen DKW-F12 an den Straßengraben und schaute dem grünen Treiben interessiert zu. Ein Fasanenhahn stieg auf und strich beschossen in Richtung Dorf. Die dort eingesetzten Hunde kamen, zur Nachsuche geschickt, erfolglos zurück. Ich sah aber, dass der Gockel leicht gezeichnet hatte und demzufolge Schrote haben musste. Mich unwissend stellend, fragte ich die Leute, was es denn jetzt mit dem Gockel gäbe. „Der hat nichts!" kam die unwirsche Antwort. Das Wort „Grünschnabel" stand ebenfalls im Raum.

Ich setzte meine Fahrt fort, holte meine Freundin ab und brachte sie nach Hause, hatte ich doch abends Orchesterprobe unseres Musikvereins. Diese dauerte bis knapp 23.00 Uhr. Der angebleite Fasan ließ mir aber keine Ruhe. Also nach der Probe Gummistiefel an, Arry ins Auto und ab an den Tatort, auch wohl wissend um den beabsichtigten Tatbestand. Es hatte den Abend über ziemlich stark geregnet. Auch beim Ansetzen an besagtem Graben und der Aufforderung zum freien Verlorensuchen nieselte es noch immer. Arry ließ sich davon nicht beirren und suchte, während ich weiter nichts als in der Dunkelheit abwarten konnte. Nach gefühlt unendlich langer Zeit vernahm ich trotz der Regentropfen in den Weidenästen ein kurzes gocken in Dorfrichtung und keine Minute später brachte Arry den Fasanenhahn noch lebend wie ein rohes Ei in Vorstehhund-Manier. Ich erlöste den Gockel und lobte meinen Hund. Den Hahn übergab ich loyal meinem Jagdherren (wieso auch immer), der mir nach dem Rupfen und Zubereiten zwei Schrotkugeln der Stärke drei Millimeter bestätigte! Hund ist doch nicht gleich Hund! Die Jagdnachbarn waren berüchtigte Wildhändler und nahmen es mit der Waidgerechtigkeit nicht so genau, wie es sich in späteren Jahren herausstellte.

Übrigens: Meine Hunde saßen damals immer im Fußraum des Beifahrers! Wem das als Beifahrer nicht passte, musste auf der Rückbank Platz nehmen! Als ich auf irgendeiner Jagd kurz jemanden mitnehmen und er aus oben angeführten Platzgründen hinten sitzen musste, beschwerte er sich beiläufig darüber. Nicki, meinem Rauhaarteckel neben Arry, war das aber schon zu viel. Er stellte sich auf den Beifahrersitz, legte seine Vorderläufe auf die Rückenlehne und fletschte unter Knurren die Zähne in Richtung des motzenden Mitfahrers.

Wilderei

Patenkind Tamara begleitete mich oft zur Jagd. Während eines Ansitzes im Bücheser Altholz fielen in der Dämmerung Schüsse aus einem Kleinkalibergewehr in Richtung Mühlbergfeld. Schnellstmöglich eilten wir zum Auto, um zu sehen, was da gespielt wurde. Ohne Licht hielten wir in Deckung am Waldrand und ich glaste die Feldflur ab. Auf dem Betonweg vor uns sah ich gegen den Abendhimmel einen offenen Militärjeep, aus dem gerade wieder mit Suchscheinwerfer geschossen wurde. Nach kurzem Verweilen wendete das Armeefahrzeug und fuhr ins Dorf. Ich folgte in einigem Abstand, natürlich ohne Licht. Aus einer Seitenstraße konnte ich dann im Schein der Straßenlaterne deutlich sehen, wie eine Waffe und ein Hase ins Haus transportiert wurden.

Handys gab es nicht! Also schnell das Kind nach Hause und dann vom Haustelefon die Polizei in Büdingen alarmiert. Glücklicherweise war Herr Birkhoff Dienstgruppenleiter und der richtige Mann zur richtigen Zeit am richtigen Ort. Er war auch Jäger im Nachbarrevier. Wir trafen uns an Ortseingang von Diebach. Ich zeigte das Haus, und die Beamten gingen hinein. Sie fanden einen frischen Hasen, aber schon abgezogen und zerlegt in einer Schüssel. „This is a Rabbit!" so die Ausrede im Amislang. Der Schusskanal war sauber entfernt und der Balg nicht auffindbar. Die nach frischem Pulverschmauch riechende 222 wurde unter dem Sofa, auf welchem zur Tarnung einige Damen, leicht bekleidet und in amerikanischer Fülle, Platz genommen hatten, entdeckt und beschlagnahmt. Wo war der Balg? Ich schickte dann außen nach kurzer Erörterung der Sachlage Arry zur Verlorensuche. Nach kurzer Zeit kam er aus dem Nachbargarten und apportierte stolz das Corpus Delikti. Das Einschussloch befand sich hinter dem Blatt mittig. Die Soldaten waren daraufhin geständig. Sie wurden meines Wissens von einem Militärgericht verurteilt und nach Vietnam versetzt!

Brackenjagd

Samstag Morgen im Dezember, Onkel Karl und ich, natürlich mit Arry, waren zur Jagd in das Tal der „Ahnungslosen" geladen. Utensilien und Geräte im Mercedes 190 D verstaut, ging es schleunigst unter dem Gezeter von Tante Lina, „Püppchen", wie Karlchen zu sagen pflegte, eilig aus dem Hof, dem Treffpunkt entgegen. Dort schlüpfte Onkelchen in die mitgebrachten Gummistiefel, zog Pullover und Lodenmantel über den Metzgerkittel und wollte die Browning, Kaliber 12, greifen. „Himmel, A... und Zwirn! Verdammte S...!" Die Waffe war zuhause, damals noch im Kleiderschrank, beziehungs- und stressbedingt, vergessen worden. Natürlich gab es großes Gelächter und Gefrotzel ringsum. Glücklicherweise hatte ein Mitjäger noch eine Bockdoppelflinte dabei, die ihm auch grinsend für den Tag überlassen wurde. Nach einer kritischen Beäugung und einigen Anschlagübungen war das neumodische Ding - man stelle sich vor, Einabzug und übereinanderliegende Läufe - akzeptiert. So etwas kannten wir nur aus einschlägigen Katalogen. Es konnte endlich zur Jagd geschritten werden. Der kleine Karl kam mit dem Ding auch ganz gut klar. Einigen Kesseltreiben mit guten Strecken folgte dann als letztes am späten Nachmittag ein Waldtreiben. Ich hatte in der Nähe erfolgreich einen angebleiten Hasen mit Arry nachgesucht und stellte mich nun zu Onkelchens Stand an die Westseite der Buchenrauscher auf einen Holzabfuhrweg, die sogenannte Himmelslache.

„Du kannst Arry ruhig schnallen und ins Treiben schicken!" so der Onkel. Noch in gebückter Haltung vom Abhalsen sah ich unweit einen Hasen sich klammheimlich davon stehlen. Arry war in anderer Richtung unterwegs, kam aber bald wieder zu uns. Dabei stieß er auf die Witterung Lampes. Mit tiefer Nase und einem tollen Laut langsam die Spur arbeitend, entfernten sich beide. Ich war begeistert vom Hundelaut und mächtig stolz auf meine Töle, als sich nach geraumer Zeit im weiten Bogen das Geläut wieder näherte. „Mach dich fertig, der Hase ist gleich da!" raunte ich Onkelchen zu. Da rückte er auch schon im Altgras vor uns. - Bautz! - Arry verstummte und brachte wenige Sekunden später den sauber brackierten Meister Lampe! Wir waren für diesen Moment wieder mal die Größten, mein Hund und ich!

„Keltenbracke" als Rassebezeichnung für Arry hätte

den Nagel auf den Kopf getroffen, da dies, meiner Meinung nach, ein mehr als zutreffender Name für diesen Jagdhundemix gewesen wäre. Auch sein Aussehen entsprach der historischen Überlieferung und wir stammten aus Glauberg, dem Dorf der berühmten Keltenfunde aus den neunziger Jahren. Auf die öfters an mich gerichtete Frage, wie lange ich denn schon hier in diesem Dörfchen zuhause wäre, antworte ich meistens: „Unser Keltenfürst war ein früherer Onkel von mir …!"

Wie kann man nur ...

Arry kam in die Jahre und wir waren wieder einmal im gleichen Revier. Diesmal war ich als Bläser einem revierkundigen Jagdgast zugeteilt. Im Bedarfsfalle konnte ich Arry vom Stand aus schnallen, hielt ihn aber in weiser Voraussicht erst mal an der Leine. Leichte Schneelage, wir standen im Hochwald unweit an einer kleinen Buchenverjüngung. Assi, die braune Langhaarhündin des Revierförsters, wurde kurz nach dem Anblasen spurlaut und kam hinter einem Hasen in unsere Richtung. Der Gast backte an.
Wir sahen den Hasen, der sich unbeschossen, warum auch immer, unseren Blicken im reifüberzogenen Altgras entzog. Jetzt kam Assi laut auf dessen Spur. Dieser schussgeile Städter beschoss jetzt den klar erkennbaren Deutsch-Langhaar! Ich war fassungslos! Hans brachte seinen Hund sofort zum Tierarzt. Assi überlebte, war aber zeitlebens Invalide. Der Schütze bekam nicht mal einen Rüffel von der Jagdherrschaft! Hans und ich wurden in dieser Jagd nicht wieder gesehen. Selbst jetzt, Jahrzehnte danach, herrscht in diesem Revier immer noch eine unglaubliche Arroganz der Pächterenkel sowie deren Mitläufer, wie mir einige Zeitgenossen glaubhaft berichteten.

Ohne geht nicht

Ein geflügeltes Wort damals war: „Hol'dir den Frie-
del mit Arry und Nicki, da sparst du einige Treiber!"
Arry wurde elf und Nicki, mein Gergweiser Rauhaar,
musste wegen Dackellähme im siebten Jahr einge-
schläfert werden. Sämtliche nachfolgenden Hunde
von mir wurden an den beiden gemessen. Pech hatte
ich mit einem DD und einer Wachtelhündin. Sie hat-
ten keinen Jagdtrieb und ich verschenkte sie an Fami-
lien, in denen sie ein gutes Leben fernab der Jagd hat-
ten. Alle anderen behielt ich und übersah so manch
angebliches Manko von ihnen. Otti wollte im Welpe-
nalter ein Kaninchen eingraben, um es für spätere
Zeiten zu sichern. Sie sollte laut einem DD-Prüfer,
der zufällig dabei war, als Totengräber sofort elimi-
niert werden. Sie wurde ein hervorragender Stöberer
und Verlorenbringer. Ihre Tochter Jule, der Vater
davon war Karlis BGS, hatte keine besondere Wild-
schärfe, fand aber am langen Riemen jedes Stück. Sie
wurde als Lieblingshund meiner Frau siebzehn Jahre
alt. Immer dabei waren meine heißgeliebten Jagdter-
rier, die ich mir als Alternative zu den damals sehr
anfälligen Teckeln zulegte. Jagen ohne meine vierbei-
nigen Kumpels ist für mich unvorstellbar!

Arry hatte eine absolut prägende Wirkung auf mich,
und ich suchte über viele Jahre den gleichen Hunde-
typ. Unsere Ardennenbracken kommen ihm sehr na-
he, und sie gehen auch ausgesprochen gerne ins Was-
ser! Allerdings stehen sie nicht vor. Von ihnen geht

aber eine Ruhe bei ihrer Arbeit aus, die mich immer wieder beeindruckt. Am Stück sind sie verhalten scharf und verbellen anhaltend, wenn möglich, binden sie das Wild am Fleck. Nach einem Ausfall ziehen sie sich sofort einige Meter zurück, sodass ich meistens gute Gelegenheit zum Fangschuss habe. Schwächeres Wild halten sie nieder, und oft konnte ich unter dem Hund abfangen.

Das Zuchtziel des wieder neu erstandenen Vereins aus den noch vorhandenen Hunden dieser Rasse ist absolut gesund, leistungswillig, wesensstark, führerbezogen und familienfreundlich. Mittlerweile haben wir eine recht gute Zuchtbasis an hervorragenden und geprüften Hunden, mit denen zu Jagen es eine helle Freude ist.

Rauhaarteckel, Wachtelhund, Kurzhaar, Drahthaar, BGS, Jagdterrier im Besonderen und natürlich Bracken hatte ich immer am Riemen. Nicht ausschließlich, aber die Einarbeitung zur Schweißarbeit mit dem Fährtenschuh nimmt seit vielen Jahren einen sehr großen Stellenwert bei meiner Hundeausbildung ein. Strikte Unterordnung und Kadavergehorsam mag ich bei meinen vierbeinigen Kumpels überhaupt nicht. Natürlich sollten sie auf bestimmte Kommandos hören und situationsbezogen lenkbar sein ohne dabei ihren Charakter zu verlieren. Dabei ist ruhige, klare Ansprache gepaart mit dem Leckerchen zur rechten Zeit die beste Methode und zielführend in der Ausbildung. Mir ist (fast) immer bewusst, dass meine Helfer die besseren Sinne haben, und dass wir nur ge-

meinsam ein gutes Team sind. So lasse ich beispiels-
weise Paula erst mal am gefundenen Stück unter Lo-
ben Besitz ergreifen. Dazu gehört auch von ihr ein
kräftiges „in-die-Schwarte-fahren". Da darf sie auch
nach getaner Arbeit ruhig mal nach mir brummen.
Dies dauert aber nur wenige Augenblicke. Dann
überträgt sie mir die Besitzrechte und sie wird aus-
giebig gelobt und genossen gemacht.

3. Diebach

In einigen Kapiteln ist auch immer wieder mal die
Rede von „Ahle Dejwisch", einem kleinen Dörfchen
zwischen Wetterau und Vogelsberg. Aufgrund der üb-
lichen jagdlichen Differenzen, nämlich Jagdneid in
seiner Heimatgemeinde, hatte sich Onkelchen in die-

ses wunderschöne Revier zurückgezogen. Ich durfte ihn hin und wieder begleiten. Der Pächter war ein Getränkegroßhändler aus der Kreisstadt. Neben Niederwild und gutem Rehwildbestand wechselten hin und wieder auch mal Wildschweine durch; für die 60er Jahre schon ein reizvolles und nicht alltägliches Jagen. Die Jahresstrecke an Wildschweinen schwankte damals von null bis drei Stück im Jagdjahr. Heute werden in diesem Revier durchschnittlich 60 Sauen erlegt, natürlich vor der Aera „Nachtsicht"!

Handys gab es zu der Zeit natürlich auch noch nicht, und so war es heilige Verpflichtung für jedermann, sich am Jagdhaus - es verdiente den Namen wirklich - in ein Rapportbuch mit Uhrzeit einzutragen, wohin man gehen wollte, oder wo der Ansitzplatz gewählt war. Gewünscht war ebenfalls, das Gesehene, Erlegte und Erlebte in diesem Büchlein zu vermerken. In punkto Sicherheit war dieses Prozedere aber damals schon ein Meilenstein für die Zukunft. Mittlerweile tragen wir uns in fast allen Revieren zumindest per Whats App in die jeweilige Jägergruppe ein.

Anfangs fuhr ich mit Onkelchen zum Jagen in besagtes Dörfchen oder legte die Strecke zum Revier per Pedes zurück. So tippelte ich ab und an mit Fernglas und Arry, meinem schwarzen DD/Terriermix an der Leine, die sieben Kilometer hin und nach dem Ansitz wieder nach Hause. Mit meinem DKW F 12 wurde es dann wesentlich einfacher. Jagdklamotten, Werkzeuge, diverse Nägel und natürlich die Kettensäge Marke ECHO waren stets an Bord. Heute bezeichne ich meinen Subaru Forester auch oft als Rucksack auf Rädern.

So ziemlich jeden Wechsel, Suhle und Bau in diesem Revier kannte ich und konnte den Jägern manchen Tipp zu heimlichen Böcken oder den Wildschweinen geben. An einer speziellen Kirrung warteten die Sauen im Stangenholz nur wenige Schritte von mir, bis ich den Mais ausgestreut oder eingebuddelt hatte. Wenn ich dann etwas weiter weg oben an der Biegung angekommen war, brachen die Bache und ihre Sippschaft schon wieder vertraut auf der Lichtung und ließen sich das Kirrgut schmecken. Natürlich kannte diese Stelle niemand außer mir, Arry und Nicki. Als nicht überdachten Sitz baute ich dort in die Nähe alleine eine sehr bequeme, niedrige und offene Kanzel aus Birkenholz, der kurzen Transportwege wegen. Die sah zwar wunderschön aus, hielt aber nicht so lange, wie ich es mir erhofft hatte. Nach zwei Jahren war sie restlos verstockt und nicht mehr zu nutzen. Selbsterfahrung ist eine Basis des Lernens und Lehrens!

Kindheitserinnerungen in mir weckte auch einmal der alte Holzrücker mit seinem hessischen Kaltblutgespann, der dann, müde von der schweren Rückearbeit, in der Abenddämmerung des Vorfrühlings heimwärts fuhr. Gemächlich trotteten die Pferde dampfend und ebenfalls müde im gleichmäßigen Schritt vor dem leichten, wahrscheinlich aus ehemaligem Kriegsgerät selbstgebauten, aber schon gummibereiften Wagen den Weg zum Futter im Stall. Ihr Lenker saß auf der Bohle, die üblicherweise quer auf die Bordwände aufgelegt war, und schlief, in sich eingesunken und eingelullt von dem Geklappere der Sielscheite und des Wagens, tief und fest. Ich beobachtete es mitfühlend grinsend aus kürzester Entfernung von der niedrigen Tanzbodenkanzel im Bücheser Altholz, an der ihr Heimweg vorbeiführte. Meinen Ansitz störte diese Begebenheit nicht, alles Wild war an die ungefährlichen Arbeitsgeräusche gewöhnt

Hansi

Eines Abends, ich fuhr vom Ansitz langsam und mit Standlicht der Störung wegen, aus dem Bücheser Altholz in Richtung Jagdhaus zu unserem Montagstreffen. Plötzlich sah ich im schwachen Scheinwerferkegel kurz helle Schwingen und hörte einen Plopp. Aufgrund des Schritttempos konnte ich sofort anhalten, um nach dem Rechten zu sehen. Am Wegesrand im Saumgras lag ein junger Waldkauz, der wahrscheinlich durch das ungewohnte Licht in seinem Revier neugierig geworden war und mir gegen das Lampenglas prallte. Leblos hielt ich ihn an den Fängen und bugsierte ihn in den Kofferraum mit dem Gedanken, der ist etwas für den Präparator, was damals vollkommen legitim war.

Der Hüttentreff zog sich anschließend fast bis Mitternacht. Zuhause angekommen, fiel mir wieder mein Kauz ein. Beim Entnehmen aus dem DKW stellte ich verwundert fest, dass er noch warm war. Ich nahm ihn mit an den Küchentisch und legte ihn zur weiteren Untersuchung dort auf eine Zeitungsunterlage. Aus seinen Nasenlöchern sickerte etwas Blut. Mit den damals neu aufgekommenen Wattestäbchen säuberte ich ihm Schnabel und Schlund. Er wurde wach und fauchte mich röchelnd an. Er hatte aber letztlich und noch benommen keine Chance gegen meine Lederhandschuhe. Das Hackfleisch für das kommende Mittagessen wanderte genudelt zu einem Viertel als Atz in den Rachen meines gefiederten Patienten. Eilig transportierte ich danach etwas Stroh aus der Scheune in einen leeren Schweinestall und klemmte unter Klopfen mit dem allgegenwärtigen Zimmermannshammer zur nachtschlafender Zeit eine Dachlatte als Sitzstange zwischen die Wände. Bedacht hatte ich aber nicht, dass die Nachbarschaft von dem Getue und Gehämmere wach werden könnte. Unter heftigen - und verständlichen - Beschimpfungen von Hermann erklärte ich, anfangs kleinlaut, aber dann bestimmter, die Ursache der nächtlichen Ruhestörung und entschuldigte mich ernsthaft dafür. Übergesetzlicher Notstand hätte man dazu auch sagen können!

„Hansi", so taufte ich meinen Kauz, setzte ich ins Stroh und begab mich ebenfalls zur Nachtruhe. Am frühen Morgen, noch vor Arbeitsbeginn, schaute ich nach meiner Eule. Hansi saß jetzt auf der Stange und hatte auch mehrfach gekälkt. Alles war gut. Eine Eule schläft tagsüber, und ich kümmerte mich erst nach Feierabend wieder um sie. Unter Fauchen und Randale packte ich wieder die Fänge und startete das Futterprozedere aufs Neue in der Küche. Hansi hatte seine Kopfschmerzen vom Vortag anscheinend überwunden Trotzdem war nochmaliges reinigen des Kopfes angesagt. Einer seiner Dolche drang dabei irgendwie durch den Arbeitshandschuh in meinen linken Mittelfinger, und zwar an Unterseite Fingerspitze tief in das Muskelfleisch. Das tat höllisch weh, und ich spüre es noch heute, wenn ich daran denke. Ich schüttelte dadurch heftig kurz und wahrscheinlich unter Fluchen die Hand. Hansi entglitt und flog durch die offene Küchentüre in Richtung Flurfenster und

Tageslicht. Hier knallte er nicht gegen die Scheibe, sondern verhedderte sich Gott sei Dank im Vorhang, aus dem ich ihn wieder mühsam befreite. Augenscheinlich gelitten hatte nur der Vorhang. Nachdem Hansi sich abgeregt und wieder ergeben hatte, begann die Atz aufs Neue. Hackfleischbällchen, schnabelgerecht gereicht, verschlang er nach anfänglicher Widerspenstigkeit mit wahrer Wonne. So vergingen einige Tage und ich konnte ihn nach Falknerart mit einer Fessel auf dem Arm tragen. Wir hatten uns bestens aneinander gewöhnt. Er kam auf Zuruf im Stall auf meine Faust, natürlich nur gegen Futter. Auch Arry akzeptierte den nächtlichen Leiseflieger und trachtete ihm nicht nach dem Leben.

So vergingen knapp drei Wochen häuslicher Pflege und ich wollte Hansi wieder auswildern. Das heißt, ich fuhr in der Abenddämmerung an die Stelle, an der Hansi verunglückt war. Dort nahm ich ihn auf die Faust und wollte ihm sagen, dass er es doch hier viel besser habe als bei mir im Schweinestall!... Dazu kam es aber nicht. Er breitete einfach die Schwingen aus und blockte etwa fünf Meter neben mir auf einen Buchenast auf. Wir redeten noch etwas miteinander. Schließlich strich er zum Jagen ab. In den nächsten Tagen konnte ich ihn noch ein paarmal locken, aber die Distanz wurde immer größer und endlich.

Eulen sind sowieso meine Lieblingsvögel und es ist immer wieder, im wahrsten Sinne des Wortes, berauschend, ihre Nähe auf einem offenen Hochsitz bei ihren Jagdzügen zu erleben, besonders, wenn sie wie ein Lufthauch anschweben und auf der Brüstung aufblocken. So leistete mir auch irgendwann ein Sperlingskauz Gesellschaft auf der Gewehrauflage. Beim Suchen nach einer geeigneten Jagdposition tippelte er einige Male quer ab, um dann erstaunt den Kopf zu mir zu wenden, als er mich spitz bekommen hatte. Immer wieder tolle Augenblicke...! Unschön ist allerdings das Gekälk auf Lederhose, Mantel oder Stiefeln...!

Liebend gerne saß ich auf der Mühlbergkanzel. Von dort hatte ich einen tollen Blick auf das Dörfchen mit dem Wolf im Wappen. Die örtliche Mühle klapperte unentwegt und jede halbe Stunde war der etwas blecherne Glockenschlag von der Dorfkirche zu hören. Vom Feld her wechselten die Rehe morgens ein und ich kannte jedes quasi „mit Namen"! Irgendwann stellte ich fest, dass eine junge Geiß fehlte, ihre Erlegung aber nicht im Rapportbuch stand. Zwei Tage sah ich sie schon nicht mehr. Anstatt abends anzusitzen nahm ich, einer Intuition folgend, Arry kurz an den Schweißriemen und ging den Wechsel im Wald ein großes Stück aus. Mein Schwarzer zog mich weiter hinten vom Holzabfuhrweg nach links oben in die Brombeeren. Da lag die Geiß, aufgebläht zum Platzen, mit einem hohem Gescheideschuss. Auf ihr lag ein Stückchen Presskordel; also musste schon jemand da gewesen sein! Augenscheinlich wurde das Reh hier abgelegt, entsorgt oder eher nicht mehr verwertet, weil ohne Hund zu spät gefunden?!

Da ich den Wechsel aus dem Feld kannte, den die Rehe meistens annahmen, konnte ich mit Hilfe einer langen Maurerschnur, Verlauf des Wechsels und dem Winkel des Schusskanals mit einiger Sicherheit behaupten, es wurde von der Mühlbergkanzel aus beim Einwechseln geschossen. Aufgrund des Rapportbuches war auch der vermutliche Schütze bald gefunden. Er gab seinen Übereifer zu, bezahlte das Stück und wurde in diesem Revier nicht wieder gesehen.

Blattzeit

Es ist immer wieder erstaunlich, zu beobachten, was die Minne aus den Geschöpfen macht, und wie kopflos vernagelt so mancher unter Hormoneinfluss umher eiert!

Ich wollte meiner Freundin hautnah zeigen, wie es in der Blattzeit des Rehwildes zugeht. Nach einigen Ansitzen im offenen Bestand mit erfolgreichem Blatten oder am Waldrand im Gras sitzend, nahm ich meine Verlobte mit in das lichte Stangenholz der amerikanischen Roteichen. Wir hatten uns auf Sitzstühlchen niedergelassen. Aufgrund der Geländebeschaffenheit saßen wir drei/vier Schritte voneinander entfernt. Nach einer Weile knackste es unweit von uns, dann wieder Ruhe, danach wieder Getöße, welches schnell näher kam. Bock und Ricke sausten von hinten her zwischen uns durch, umrundeten uns, und passierten uns ein zweites Mal entgegengesetzt. Wir genossen anschließend die Zeit ohne Rehe bis lange in die Dunkelheit...!

Unsere kleine Nichte begleitete mich öfters zu allen Tages-und Nachtzeiten zu Ansitzen und Spaziergängen in diesem herrlichen Revier. Irgendwann, bei einbrechender Nacht wollten wir gerade abbaumen, als sich aus dem Bücheser Hang von rechts oben über zwanzig Sauen aller Kaliber durch den hohen Farn mit eingestreuten Grasflecken schoben. Wir hatten guten Wind. So konnten wir bis in die Dunkelheit die Sauen in der Nähe sehen und hören. Nachdem der Spuk vorbei war wollten wir eilends in Richtung Heimat. Nichtchen hatte aber Angst, und ich musste sie zum Auto tragen. Erbost fragte der alte Jagdherr kommenden Montag beim Hüttentreff, wo denn seine Jäger gewesen wären? Zu diesem Zeitpunkt hatte ich die Jägerprüfung noch nicht abgelegt.

Als ich dann endlich meinen ersten Jagdschein in der

Tasche hatte und ich stolz meine VOERE trug, sollte ich einen Jagdgast auf einen schwachen Bock führen. Die Neuanpflanzung gegenüber dem Eschberg schien mir geeignet. Dorthin hatte ich eine offene Kanzel gestellt, auf der zwei Personen recht bequem sitzen konnten. Der Wind passte auch und das Böckchen ließ nicht lange auf sich warten. Der Gast zitterte wie Espenlaub und landete einen Unglücksschuss. Mit krummem Rücken zog der Jährling Richtung Dickung. Ich schoss jetzt in Absprache mit dem Gast nach, denn der Unglücksschütze war dazu wirklich nicht mehr in der Lage. Waidmannsheil! Nicht viel reden! Alles ist gut!

Pfeifendeckel, dieser unliebsame Zeitgenosse machte mich in der Folgezeit beim Jagdherren wegen des Nachschusses und vieler anderer Dinge derart schlecht, dass ich einige Wochen später das Revier verlassen musste. Er konnte kräftig zahlen! ......und Radfahren! Viele Jahre später übernahm Freund Karli dieses Revier. Drei/vier Jahre jagte ich dann auch dort wieder mit, aber einige MitjägerInnen und die Art, wie sie waidwerkten und die Klappe vulgär aufrissen, passten mir nicht. So nahm ich dann erwartungsvoll eine Stelle im schönen Bukasi-Land an, die mir schon seit längerem angeboten wurde.

4. Vogelsberg und Kirrungen

Nach der Revierübernahme in Kelsdersch um die letzte Jahrhundertwende stellten wir uns, nämlich der Primus Interparis und sein Jagdaufseher, den Jagdnachbarn persönlich vor. Bei dieser Gelegenheit gelangten wir auch in die Jagdhütte von Karl-Horst, gelernter Zimmermann, Architekt und Chefpächter eines Nachbarreviers. Karl-Horst und ich hatten auch aufgrund des gleichen Lehrberufes sofort einen guten Draht zueinander. Dies sollte aber erst einige Jahre später zum Tragen kommen.

Auf seinen Fahrten ins Revier kam er oft über Glauberg auf einen Plausch zu mir nach Hause oder auf meinen Zimmerplatz am Ortsrand. Gern hätte er mich in seinem Revier gehabt, der jagdlichen Arbeit und der Strecke wegen. Leider musste ich anfangs immer wieder absagen, da ich in anderen Revieren einen Begehungsschein oder eine Anstellung hatte. Familie und Beruf durfte ich ebenfalls nicht vernachlässigen. Auch gaben die Entfernungen und die damit verbundenen Fahrtkosten ins Vogelsgebirge einen weiteren Ausschlag zur erneuten Ablehnung, da ich als Jäger mindestens drei bis vier mal in der Woche vor Ort sein wollte. Aber seine Beharrlichkeit führte endlich doch zum Ziel.

Ich trennte mich von meinem damaligen Jagdherren, dessen Art zu jagen sich nicht mit meinen Prinzipien deckten. Seine Arroganz und Hochnäsigkeit passten nicht in meine jagdliche Welt. Er hatte „Sohn" gelernt und schwamm im Geld, kam alle zwei bis drei Wochen die 300 Kilometer einfache Fahrtstrecke mit Freunden gleichen Kalibers und sie ballerten mit den damals noch verbotenen Nachtsichtgeräten, was die Rohre hergaben. Dazu kam, dass er Herr über Zigtausende Hühner war, mit diesen geschundenen Käfigkreaturen massig Geld verdiente und damit auch noch prahlte. Kurzum, er kam als hochgestochener Westfale mit dem kantigen Oberhessen, zudem auch noch in Loden gehüllt, nicht gut klar. Die Jagdgenossen akzeptierten ihn nur des Mammons wegen!

So wurde ich denn mit offenen Armen in einem der herrlichsten Vogelsbergreviere empfangen. Umgehend bekam ich einen Begehungsschein und freie Büchse, allerdings sehr zum Leidwesen von X. Er war zwar ein guter Jäger im Sinne von Achtzehnhundertdickmilch, aber auch voll bösartiger Bauernschläue. So einer, die statistische Nummer Sechs, ist halt immer irgendwo dabei und stört den Jagdfrieden. Ich nahm es aber eher gelassen und entspannt.

Die beiden Beständer zeigten mir alles Wesentliche und äußerten ihre Wünsche zum Jagdbetrieb. Es war von Anfang an, so empfand ich, ein offenes, herzliches Miteinander. Als erste größere jagdliche Betätigung aktivierte ich die Rehbergkirrung und machte die dazugehörige Kanzel daueransitzfähig. Diese Stelle wurde gut angenommen und ich richtete mich dort bei passendem Mond auf mehrere Stunden Ansitzen ein. Schon nach etwa einer Stunde kamen zwei mittelprächtige Schweinchen von links unten. Sie langweilten an der Kirrung rum und ich konnte der hinteren in aller Ruhe die Kugel antragen. Blitzartig verendete sie ohne Schlegeln im Knall. In mäßiger Eile verschwand die andere mit wenigen Schritten im Unterwuchs der hohen Randfichten zum südlichen Hochwald.

Zeit hatte ich und es war noch früh. Also weiter sitzen, vielleicht klappt es noch auf Fuchs oder Waschbär. Da kommt nach gar nicht mal so langer Zeit die zweite Wutz wieder von oben her zurück. Lange sichernd steht sie spitz von vorne. Zwischen die Lichter? Habe ich noch nie gemacht! 50 Meter! Jetzt oder nie! Hat funktioniert! Auch sie bricht im Knall zusammen und merkt nichts von der Reise in die ewigen Jagdgründe. Klasse! - sitzen bleiben und still sein hat noch nie auf der Jagd geschadet.

Zufrieden mit Diana und mir packte ich die Schweinchen ins Körbchen und begab mich in Richtung Wildkammer. Zuhause bei gutem Licht und hängend Aufbrechen, dazu mit sauberem Wasser hat immer Vorteile, der Fleischbeschau und der Organbeurteilung wegen. Sau Nummer eins hatte viele kleine Eiterflecken auf der Leber und eitergefüllte, entzündete Lymphdrüsen: Tuberkulose! Sau Nummer zwei das Gleiche! Natürlich hielt ich alles zur Dokumentation fotografisch fest. Die Sauen endeten in der Tierkörperbeseitigung.

Kirrungen, besser als ihr Ruf

An dieser Stelle bietet es sich an, zu Kirrungen generell einige Feststellungen zu treffen und meine Erfahrungen einfließen zu lassen.

Von dem Sprichwort „Mit Speck fängt man Mäuse!" inspiriert, richtete ich vor vielen Jahren die erste Kirrung in meinem Jägerleben an der Birkenkanzel ein. Dort verlief ein Wechsel in der Nähe, ein Hauptkriterium für ein solches Vorhaben. Ein ausgedienter Spaten war dafür das ideale Werkzeug, denn er wurde vor Ort versteckt deponiert. Hier und da einstechen, etwas Erde aushebeln, eine handvoll Mais rein, Spaten raus und die Aushubwunde mit Bewuchs wieder kurz antreten. So verdeckt bemerkte niemand, dass hier Sauen angelockt wurden. Da ich damals noch keinen Jagdschein hatte und die Mitjäger den Kirrplatz nicht kannten, herrschte vollkommene Ruhe in diesem Revierteil. So dauerte es nur wenige Wochen, bis sich eine junge Bache mit fünf Frischlingen ständig in der Nähe aufhielt. Meine Stimme und Witterung waren ihnen bald vertraut und die Fluchtdistanz verringerte sich zusehends. Während meiner Kirrtätigkeit standen sie verhalten sichernd auf knappe Schrotschussentfernung abseits in der lichten Deckung. Ich konnte gedämpft mit ihnen reden. Auch hielt ich stets den gleichen Weg ein. Arry war an der Birkenkanzel abgelegt und wir beobachteten dann von dort aus neugierig, wie sich die Korona an den eingebuddelten Köstlichkeiten gütlich tat. Leise verließen wir den Kirrplatz während die Sauen dort zugange waren. Selbstredend hatte ich dort auch eine kleine Suhle angelegt. Von den damals gewonnenen Erkenntnissen mit Vertiefung durch einschlägige Literatur (Meynhardt, Henning, Happ, u.a.) zehre ich noch heute.

Das Verfahren des Eingrabens wurde dann am Schlängelweg durch das Auslegen von weißen Gurkengewürzkanistern ergänzt. Die Gefäße waren mit etwas Mais befüllt und hatten neben einem eingeschnittenen Loch auch einen Henkel, an dem eine Schnur befestigt war. Das andere Ende wurde an einen Pflock, Ast oder Ähnliches geknotet. Das gab ein rasselndes Geräusch, wenn Sau, Fuchs, Dachs, Marder oder Waschbär damit spielten. Auf alle Fälle wurde man dadurch sanft aus einem eventuellen Hochsitznickerchen geholt, ging es doch mittlerweile auch ums Strecke machen. Waren die Fässchen zu sehr zerknautscht, wurden sie im gelben Sack entsorgt und durch neue ersetzt.

Nach und nach ging ich dazu über, mir kleine, flache Kästchen zu bauen. Sie sind heute noch Standard und an sämtlichen Kirrungen von uns anzutreffen. Als Baumaterial nehme ich meistens Schalplatten aus Holz, die ich auf der Kreissäge beispielhaft auf 25 mal 35 cm schneide, der Deckel aus gleichem Material steht an allen Seiten etwas über, ist also 28 mal 38 cm groß. Auf die Grundplatte schraube ich an den vier Seiten Dachlatten, bündig und hochkant stehend, von unten her fest. Auf die Unterseite des Deckels kommen ebenfalls Lattenstücke, die sich locker in das untere Karree einpassen und ein einfaches Herunterschieben der Abdeckung verhindern. Mäusen, Vögeln und anderem Schalenwild wird so die Aufnahme des Kirrgutes nahezu unmöglich gemacht. Wenn der Kasten zusätzlich mit einem Stein beschwert ist, hat auch der Waschbär erhebliche Mühe mit dem Öffnen. Nur die Sauen werfen die Kästchen durch die Gegend, dass es eine helle Freude ist. Die oben angeführten Maße sind nicht bindend und können je nach Laune, Belieben und dem Baumaterial entsprechend von ganz groß bis ganz klein variiert werden.

In der Regel haben wir an jeder Kirrung auch eine gelochte Trommel und im Abstand dazu drei bis vier solcher Kästchen platziert. Die Kirrtrommel ermöglicht uns mehrtägige Pausen des Ankirrens.
Die Kästchen werden dann mit je einer guten handvoll Mais bestückt. Schwächere Stücke gehen sofort an die verstreuten Kisten und können verhältnismäßig sauber angesprochen und erlegt werden. Oft kam

es auch vor, dass eine zweite Sau kurze Zeit später an gleicher Stelle erlegt werden konnte. Unzählige Waschbären gelangten an den Kirrungen ebenfalls auf die Himmelsleiter, auch das heimliche, alte Reh steht oft zu.

Wahr und Fakt ist, dass wir in unseren Vogelsbergrevieren durch das nicht übertriebene Kirren mit mäßigen Futtergaben unsere Sauen vermehrt im Wald halten und sich dadurch die oftmals erheblichen Wiesenschäden merklich vermindern. Im Wald halten wir überwiegend Ruhe und schießen hauptsächlich wildschadenspräventiv auf Acker und Wiese.

Drei ältere Jäger konnten in den siebziger Jahren die Abschusszahlen an Sauen, wie sie heute erreicht werden, mangels Masse nicht erreichen. Sie begannen aber zum Anfang der Achziger eine bescheidene Kirrung einzurichten, um von dem, sich abzeichnenden, großen Schweinekuchen auch noch ein Stückchen zu bekommen. Das Kirrgut wurde mit Maggi, Zucker und Bier angesetzt und an verschiedenen Stellen eingegraben. Die angedachte Schwarzwildhinrichtungsstätte wurde mit Bedacht unweit der Jagdhütte angelegt, weil sich dorthin einmal eine Wutz verlaufen hatte, wie das Fährtenbild eindeutig zeigte. Ferner hatte dies den Vorteil, dass man sich, in der Hütte ausgeruht und gelabt, beim Ansitz ablösen konnte. Selbstverständlich führte ein bestens gepflegter Pirschweg die wenigen Meter dahin. Hinter den ausgebrachten Köstlichkeiten war etwas entfernt weiße Silofolie, einen knappen Meter hoch, an Pfählen befestigt. Auf dem hellen Hintergrund sollten sich die Schweinchen besser abheben, falls es doch zu dunkel wäre. Dies alles war ein guter Plan...!

Nun zur Ansitzeinrichtung dieses Kirrplatzes...! Hinter der Jagdhütte stand nach alter Väter Sitte ein sogenanntes Plumpsklo. Schon der Name sagt einiges über die Funktion und Wirkungsweise des derb gezimmerten Häuschens mit dem Herzchen in der Türe aus. Es stand auf kurzen Bohlen über einer einfachen Grube. Der Brettersitz war truhenförmig mit einem eingeschnittenen Loch zum Ablassen dessen, was der Körper nicht mehr benötigte. Dieses Bauwerk wurde jetzt neben seinem eigentlichen Zweck aber auch als Ansitzhütte genutzt. Dazu wurde es notwendigerweise um 90 Grad nach links gedreht und in die linke Seitenwand eine Schießscharte eingeschnitten, aus welcher der Drilling während des Wartens auf Schwarzkittel aus Platzgründen schon hervorlugte. Das Loch der Sitzbank wurde vorsorglich mit einem breiten Brett abgedeckt und das Zeitungspapier des Raschelns wegen entfernt...!

Sauen waren gelegentlich mal da, erlegt wurde an diesem Örtchen meines Wissens aber keine!?

Schlammige Bergung

An der Kirrung im hinteren Eschwald saß ich immer wieder gerne. Viele Waschbären wanderten von hier aus ins Jenseits. Auch Rotwild kam gelegentlich in Anblick. Aber mein Hauptaugenmerk galt, wie immer, den Sauen. Von den vielen dort, ist eine Erlegung besonders erzählenswert.

November! Nasskalt, aber guter Mond! Ich sitze schon mindestens drei Stunden bei null Anblick. Gefrustet will ich gerade abbaumen, da bemerke ich im Schlagschatten hinten eine Bewegung. Instinktiv schiebe ich die Blaser vorsichtig aus dem Fensterchen. Einige Minuten vergehen; sie werden zur halben Ewigkeit. Da, endlich ein mittleres Schweinchen an den Kirrkästchen. Als es breit steht, lasse ich fliegen. Die Sau geht mit hohem Wurf und tiefem

Schnaufer nach rechts ab und ich höre ein krachendes Anfliegen der Sau am liegenden Holz. Ich warte noch etwas und setze dann Anna am Anschuss an. - Lungenschweiß! - Sie liegt gut im Riemen und nach knappen 50 Metern sind wir an der Sau. Sauber! Das gibt auch für unsere junge Ardennenbracke morgen noch eine gute Nachsuche. Alf war zu diesem Zeitpunkt noch relativ jung, hatte aber schon viele getretene Fährten hinter sich. Drei bis vier Totsuchen waren auch dabei. Auch sollte er lernen, auf Fährten, die schon vorher von einem anderen Hund gearbeitet wurden, ebenfalls an das Ende zu kommen. Dieses erachte ich für Kontrollsuchen als besonders wichtig.

Ich schärfte deshalb der Sau einen Teller als Fundstück ab und ließ ihn liegen. Die Wutz am Edelstahlhaken versuchte ich nun die kürzeste Strecke zum Forstweg weiter oben zu nehmen. Dieser Schlepphaken hat den Vorteil, das Haupt der Sau anzuheben, um ein besseres Gleiten über Äste und andere Hindernisse zu gewährleisten. Im Fichtenaltholz herrschte nun fast völlige Dunkelheit und in Ermangelung einer gut funktionierenden Kopf- oder Taschenlampe musste die kleine Pirschwegfunzel herhalten, die mittels Knopf und Schlaufe am Mantelrevers hing. Auf der anvisierten Strecke lag viel sperriges Geäst, also links dran vorbei bitte! Gesagt getan, … und bei den nächsten Schritten versank ich bis zu den Knien in einem Morastloch von stattlicher Größe. Es war als solches, im fiesen Licht und mit Fichtennadeln bedeckt, nicht erkennbar. Erschwert wurde das Ganze noch durch den relativ kurzen Schlepphaken. Dieser hatte zur Folge, dass die Sau sich durch das Hinterherziehen und mein Einsinken noch auf die Waden legte und mir das „Auf-die-Beine-kommen" erheblich erschwerte. Nach einigen Fehlversuchen und ausgiebigen, unfreiwilligen Suhlen nach Wildschweinart gelang es mir tatsächlich unter Verlust eines Lederstiefels, mich aus dem Dreckloch zu befreien. Jetzt holte ich ein Seil aus dem Auto, mit dem ich die Sau aus dem Schlamm zog. Glücklicherweise war der Haken an der Wutz verblieben, sodass ich mit ihm dann auch noch den Stiefel retten konnte. Die gesamte, schweißtreibende Bergungsaktion dauerte fast eine Stunde, obwohl der Forstweg nur maximal 120 Meter vom Anschuss weg war! Vom groben Säubern der Klamotten und des Autos möchte ich hier gar nicht reden.

Unser Jungspund meisterte seine Suche am nächsten Nachmittag mit Bravur!

Dieser Alf gehörte schon in seiner frühen Jugend zu den besten Hunden in meiner Hand. Nur Brennnessel mochte er überhaupt nicht, und „bei Fuß" war deshalb in Wald und Flur eine mittelprächtige Katastrophe und für diesen dominanten Rüden aber ein wichtiges Erziehungsziel. Außerdem mussten wir für die Brauchbarkeitsprüfung die Leinenführigkeit üben. Also Alf an die kurze Leine und querfeldein über

Stock und Stein. Bei einem dieser Gänge im hinteren Eschwald, bei denen das Tragen einer Waffe hinderlich gewesen wäre, verharrte Alf plötzlich in Vorstehhundemanier. Auf der Rückeschneise vor uns, keine 30 Meter, ein Riesenkeiler. Fünf Sekunden Augenkontakt und der Geist löste sich unter Wackeln von Ästen sprichwörtlich in grüne Luft auf. Aha, so zeigt der Knilch! ... Zeit für einen guten Schuss wäre allemal gewesen! ... Schonzeit!!

Wenige Tage danach, ebenfalls im Eschwald zur Grenze nach Norden, gleiches Spiel! Ohne Waffe, Hund am kurzen Riemen, verharrendes Zeigen von Alf, vor uns, höchstens 50 Meter, ein Hirsch der Extraklasse. Mindestens 16-Ender, aber erst siebter/achter Kopf! Der darf auch noch leben! Guter Hund!

Gefrustet von gefühlten zweitausend vergeblichen Ansitzen fahre ich nächtens nach Hause. Auf der Bundesstraße im Waldstück der Nachbarjagd erblicke ich das Warnblinklicht eines ramponierten Kleinwagens. Im Straßengraben liegen mindestens 120 Kilogramm Wildschwein. Die Fahrerin des Unfallwagens kommt hilfesuchend und Gott sei Dank unverletzt auf mich zu und ... entpuppt sich als Lehrerkollegin, mit der ich meine EIBE- Klassen gemeinsam unterrichte! - Super! -

Wieder mal Frust, weit nach Mitternacht und auf dem Nachhauseweg, aber noch im Revier. Ich fahre leise und ohne Licht langsam einen Asphaltweg in Richtung Dorf am Heckensaum entlang. Der Blick gleitet im besten Mondlicht automatisch suchend über die Felder. Eine einzelne Sau, nicht sonderlich stark, bricht in guter Entfernung auf der Weizensaat. Ich lasse ausrollen und den Motor laufen, öffne unter leisem Knacken die Türen und hole die Blaser aus dem Filztuch. Auch das Stopfen der Läufe hält der Schwarzkittel aus. Im Schatten der Saumhecken pirsche ich ein paar Schritte zurück und schieße kniend. Ohne Zeichnen geht sie hochflüchtig den Acker längs. Verdutzt zweifelnd kann ich das Abspringen nur mit gesunkener Bbfl. verfolgen. Auf sechzig Meter, breit wie ein Scheunentor, bestens abgekommen und die Wutz rennt…! Am Feldrain, nach knapp 150 Metern, fällt sie mausetot um und liegt auf der Wiese. Da war der Sprit dann doch wohl alle. Zum Bergen konnte ich sogar bis an die Frischlingsbache heranfahren. Geht doch! Waidmannsheil!

Bleifrei

Wiedermal stand eine revierübergreifende Jagd an. Zu viert kontrollierten und markierten wir einige Tage vorher die Stände in dem betroffenen Revierteil. Hier und da wurde etwas geastet, nachgenagelt und gefegt. Jeder hatte ein anderes Werkzeug dabei. Laubrechen, Handsäge und Astscheren hatten die Kollegen. Ich war mit meiner leichten, sehr scharfen Axt über der Schulter, dem Spitzhammer in der Schlaufe am Koppel der Zimmermannshose und diversen Nägeln in der Nageltasche bestückt. Der ältere Teckel des Chefbeständers war ebenfalls, natürlich ohne Leine, mit von der Partie. Ein Drückjagdbock am Rande einer Blöße sollte in diesem Zuge ebenfalls überprüft werden. Die Fichtenstubben davor waren stark mit Brombeeren und Farn überwuchert. Eschen, Ahorn und Birken hatten ebenfalls schon Fuß gefasst. Es war eigentlich kein guter Platz für eine Drückjagd der Übersicht und des Schussfeldes wegen…!? In diese Standortüberlegungen gab der Hund kurz vor uns unschlüssig Laut. Dieses Wuff-wuff kam von links. Aber in unmittelbarer Nähe vor mir bemerkte ich noch eine Bewegung in den Brombeeren. Zwei Teller und ein kurzer Wurf zeigten in Richtung Hund. Jetzt oder nie! Meine Axt spaltete dem Frischling das Haupt quer. Aufgebrochen hatte er 22 Kilo. ….super, ... und absolut bleifrei!

Beharrlichkeit...

Es ist Ende Oktober. Nasskalt und regnerisch peitscht der Wind die tiefen Wolken über die abgehüteten Bergwiesen. Die Bejagung des weiblichen Rehwildes gestaltet sich, wie alljährlich in den rauen Mittelgebirgen, äußerst schwierig. Eine alte Geiß mit einem schwachen Kitz drückt sich am Einhardswald von Hecke zu Hecke. Beide möchte ich gern erlegen, ist es doch auch Zeit, die Truhe mit Weihnachtsbraten für die treue Kundschaft zu füllen. Die ältere Ricke wäre genau richtig für Würste und Fleischkäse...! Ich sitze mir auf der Kanzel in der Nähe den Hintern platt. Mal stehen beide über der Grenze beim Nachbarn, dann kommen sie ganz oben, gute 250 Meter und ebenfalls unerreichbar für die 7x57. Dann passt der Wind überhaupt nicht, oder er schlägt plötzlich um und weht in Richtung Wild. Ein weiteres Mal stehen sie zu. Ich mache mich fertig. Noch steht das Kitz spitz. Tuck, tuck, tuck... rappelt der alte Deutz von Harald oben den Schotterweg entlang. Ünschlüssig, aber doch zielstrebig und für einen guten Schuss inakzeptabel, verlassen beide Rehe die Wiese in die nahe Hecke östlich. Wieder nichts, kommt doch schnell Nebel und die Dunkelheit. Der folgende Frühansitz zeigt nur den Hasen vom Dienst. Ich lege noch schnell einen Salzleckstein in die Wiesenmitte...! Auch er bringt nicht den gewünschten Erfolg.

Nach drei Tagen Ruhe an dieser Stelle habe ich die Faxen dick und überlege mir eine andere Strategie. In die westliche Hecke, in der sich ein verwachsener Weg befindet und die mit einem Lesesteinwall rückwärtig begrenzt ist, stelle ich einen angefasten Fichtenstumpf mit guter Stuhlhöhe hinter eine alte, geteilte Weide. Noch schnell ein paar störende Ästchen abknipsen, und der Notsitz ist fertig eingerichtet. Frühzeitig am Abend setzt mich Sina weit vorne an der Weggabelung ab. Mit Lodenmantel, Fernglas und Drilling am Mann gehe ich mit gutem Wind an und erreiche störungsfrei meinen Fichtenklotz. Lange Zeit tut sich nichts. Beim Nachbarn, drüben im Hillers, fallen zwei Schüsse. Die Dämmerung greift schon bedrohlich nach mir. Die Hoffnung schwindet allmählich erneut.

Meine Feststellung und Dogma seit Jahren, bewahrheitete sich wieder erneut: Rehe sind Höhlenbewohner! Als ich zum X-ten Mal um den Baum herumluge, sehe ich mitten auf der Wiese Geiß und Kitz. Woher kamen sie? ...Egal...! Beide ziehen sehr schnell nach oben und stellen sich an die Wegböschung. Ich brauche nun schon den gedimmten Leuchtpunkt, der sich auf dem Kitz festsaugt. Zwischen den Stämmen hindurch lasse ich stehend angestrichen fliegen, als es endlich breit steht. Durch die Weiden sehe ich weder Zeichnen noch Abspringen. Glas hoch, wo ist die Geiß? Ein graues Etwas schiebt sich rehähnlich hektisch und überrascht weiter oben durch die Brennnesseln. Schießen unmöglich! Sie verzieht sich und kommt nicht, wie erwartet, zurück um nach dem Kitz zu sehen.

Als die Natur sich beruhigt hat, schreibe ich Sina, dass ich wahrscheinlich Alf brauchen würde. Sie saß an der Hillerswiese und ist bald bei mir. Seit dem Schuss ist nun eine dreiviertel Stunde vergangen. Alf kommt an den Schweißriemen. Nach wenigen Schritten will ich ihn ablegen um nach den Pirschzeichen zu sehen. Pustekuchen! Er liegt straff im Riemen und verweist den Anschuss, der sich doch etwas weiter rechts als gedacht befindet. Leberstückchen und Mageninhalt zeigt mir die Bracke mit tiefer Nase. Mir fällt ein Stein vom Herzen. Zügig geht es dann über dicke Vulkanbrocken und dürre Äste mit immer wieder Schweiß bis in die Brennnesseln unterhalb einer Quelle mit Viehtränke. Der Riemen wird schlaff und Alf steht am Stück. Ehrlich freudig klopfe ich unsere große Ardennenbracke ab.

Sina übernimmt ihn, und ich liefere das Bockkitz. Am Auto überreicht sie mir den Erlenbruch auf ihrem Hut. Dies war der erste Bruch, den mir meine Tochter überreichte. Nicht viele Väter bekommen stolz einen Bruch vom Töchterlein!

5. Otto

Damals kannte ich Otto noch nicht und er hatte auch noch nicht seine Jagd in der Wetterau, gerade mal frischgebackener Jungjäger könnte er gewesen sein, als ich in diesem Revier meinen ersten Hochsitz baute. Veranlasst hatte das ein gewisser Willem, ein immenser Sprücheklopfer vor dem Herrn. Willem kannte ich von etlichen Jagden in der Nähe meines Heimatdorfes und mein Beruf kam ihm gelegen. Er war ein nicht unumstrittener Zeitgenosse in Sachen Jagd, aber naja, ich bin sehr wahrscheinlich in den Augen einiger Jagdkollegen auch nicht besser...!

Ich war stolzer Besitzer meines ersten Autos, einem DKW F12, welches mein Vater auch gerne mal für sich auslieh, was in dieser Zeit und für mich völlig normal war. So auch an einem herrlichen Frühlingssonntagmorgen. Er hatte Bezirksversammlung des Hessischen Musikverbandes und ich eine Verabredung zum Hochsitzbau. Wir hatten ziemlich den gleichen Weg, denn die Zielorte waren nicht weit voneinander entfernt. Also fuhr ich zur jagdlichen Baustelle und der Papa dann weiter zur Tagung. Später sollte er mich wieder abholen. Gesagt, getan - so der Plan!

Wir, Willem und ich, nagelten und verbauten die schon bereitliegenden Stangen nach Art der Heinzelmännchen zu einem halbwegs anseh- und benutzbarem Etwas in eine Randfichte. Zwischendurch nährte und schürte mein Helfer aber immer wieder ein klei-

nes Feuerchen. Bei schönstem Frühsommer-Hemds-
ärmel-Wetter und angenehmen Arbeiten schmeckte
auch ein mitgebrachtes Bier vorzüglich. Nach Fertig-
stellung unseres Kunstwerkes packte Willem dann
auch noch Brötchen und Rindswürste aus. Ich staunte
nicht schlecht, als er diese an den Enden - und nur die
Wurst hat zwei - kreuzweise ein paar Zentimeter ein-
schnitt, auf eine zuvor angespitzte Buchengerte steck-
te und dann in die Nähe des Feuers hielt. Der Auffor-
derung, es ihm gleichzutun, kam ich gerne nach.
Durch die Hitze grillten die Würstchen und die ge-
viertelten Enden kräuselten sich nach außen. Das sah
nicht nur gut aus, es schmeckte auch köstlich! Selbst
mein, in Sachen Essen, eher skeptischer Vater ver-
speiste eine solche Wurst mit wahrer Wonne, als er
nach dem Tagungsende wieder zu uns stieß.

Diese Art des Rindswurstgrillens habe ich bis zum
heutigen Tag beibehalten und damit schon vielen Per-
sonen ein kleines, aber besonderes
Esserlebnis in freier Natur beschert. Dieser Genuss
am offenen Holzfeuer war später auch oft das High-
light auf den Kindergeburtstagsfeiern meiner Tochter
inklusive dazugehörender Traktorfahrt mit Anhänger.
Auch viele meiner ehemaligen Schülerinnen und
Schüler schwärmen noch heute von dieser Wurstzu-
bereitung, die sie bei Exkursionen zum Thema Bau-
technik in und um Glauberg kennengelernt hatten!

Dreißig Hasen

Dieses Revier in der flachen Wetterau wird von mehreren Straßen tangiert und zerschnitten. Auch eine stark befahrene Bahnstrecke teilt es in zwei Hälften. Trotz all dieser Widrigkeiten ist es ein reizvoller Jagdbogen mit einem recht guten Niederwildbesatz, mäßigem Waldanteil, etwas Wasser und einer großen Feldholzinsel. Sauen sind immer wieder mal da, und auch brave Böcke ziehen dort ihre Fährte. Ich war in diesen Gefilden viele Jahre gern gesehener und helfender Jagdgast, so mein Eindruck, der mich eigentlich selten täuscht.

Zur Vorbereitung meiner Terrierhündin Anna auf die Zuchtprüfung und zur Laut-Festigung auf der Hasenspur fuhr ich in den nördlichen Feldteil zu einem Luzerneacker von geschätzten zehn Hektar. Es war frostig und hatte leicht geschneit. Folglich könnten die Hasen aller Wahrscheinlichkeit nach recht locker sitzen. Meinen Pajero parkte ich am Waldrand auf einem Grasweg, an den sich besagter Acker anschloss. Als Suchenleine hatte ich mir eine derbe Schnur geknotet, die sich leicht durch eine Schlaufe zog und den Hund schnallte, sobald ich das eine Ende frei gab, wenn er sich auf der Hasenspur festgesaugt hatte. Dadurch war dann die Terrierdame ohne verfängliche Halsung unterwegs.

Nach wenigen Schritten im dürren Klee ging schon der erste Hase unbemerkt vor ihr hoch. Ab der Sasse arbeitete meine Kleine die ersten Schritte angeleint. Dann wurde sie heftiger und es kam zögerlicher Laut. Unmerklich für sie zog sich die Leine durch und die Terrierdame ging dann laut bögelnd, und sich immer wieder korrigierend, auf der Hasenspur von dannen. Mein Herz hüpfte vor Freude. Auch das Zurückkommen klappte anfangs sehr gut. Nur später, die vierte oder fünfte Spur war gemeistert und ich wollte für heute Schluss machen, stach sie auf dem Weg zu mir zwei Hasen nacheinander. Einen passionierten Jagdterrier abrufen, und das in dieser ungestümen Jugend, ist ein schier hoffnungsloses Unterfangen. Erst als sie total ausgepumpt war, gab sie auf und lies sich anleinen. Fast dreißig Hasen zählte ich an diesem Wintermorgen insgesamt auf dem weiträumigen Feld. Doppelzählungen sind natürlich möglich.

Nicht nur aus diesem Grund, aber dennoch erforderlich, stellte ich ein Jahr später als Gastgeschenk und Dankeschön an diese Waldecke eine Kanzel mit dem Namen „Dreißig Hasen"! Viele Füchse, auch Rehe und Sauen wurden von dort aus erlegt.

Sau und Reh

Mitpächter von Otto war Horst, Dipl. Ing. Maschinenbau, Beamter und akribischer Perfektionist. Dass dies nichts Schlechtes sein muss, erkannte ich in den Folgejahren. Uns verbindet eine lockere Jagdkameradschaft, die des anderen vermeintliche Fehlerchen auch mal übersieht oder aber zumindest nicht ankreidet. Wir kamen bestens und ohne Jagdneid auf Augenhöhe miteinander aus. Sauen waren mittlerweile ständiges Wechselwild im Revier.

So auch an der Kanzel am Mittelweg, die auf meine Empfehlung hin genehmigt und dort wiederum von mir als Jagdgast erstellt wurde. Dort sollte ich dann mit gutem Blick auf die Kirrung sitzen und Horst platzierte sich etwas weiter am Waldeck zum Nachbarn hin. Wieder einmal lag leichter Pappschnee und spärlicher Mond leuchtete mäßig durch das licht gewordene und kahle Unterholz. Im Feld gab es noch vereinzelt größere Schneeflecken auf der Nordseite der leichten Bodenwellen. Ich hörte die Schweinchen in der Dickung von mir wegziehen und wollte gerade abbaumen, als das Handy in der Brusttasche vibrierte. Horst riet mir, schleunigst zum „Blutigen Finger" zu eilen, Sauen wären auf dem Weg dorthin. Die Namensgebung dieser Ansitzeinrichtung kann man sich lebhaft vorstellen! ... Er hatte von seiner Kanzel aus einen guten Überblick und ihm war wegen des für ihn ungünstigen Windes ein Angehen der Sauen nicht möglich. Außerdem wären sie ja noch drüben beim Nachbarn!

Schneller Standortwechsel von mir war jetzt angesagt. Der Forester blieb nach eiliger Fahrt auf dem Mittelweg an der Straßeneinmündung des Feldweges stehen. Mantel, Glas und Waffe am Mann pirschte ich unter ständigem Observieren des Geländes, aber zügig mit dem dunklen Waldrand neben mir als Deckung, die 400 Meter zum besagten Kanzelchen. Außer ein paar Rehen über der Reviergrenze auf der Saat konnte ich von Sauen nichts erkennen, auch nicht, als ich schon die erste Sprosse der Hochsitzleiter umfasste. Da, wieder das Telefon! „Siehst du sie?" fragte Horst, der auch mich sehen konnte, leise. Ich verneinte leise und bestieg das niedrige, wenig komfortable Sitzchen. Jetzt, von etwas höherer Warte sah ich nun auch zwischen den ruhig äsenden Rehen Sauen, mindestens zehn, die sich eben gerade über die nachbarliche Kuppe geschoben hatten. Das war höchst ungewöhnlich und von mir in dieser Form ein noch nicht beobachtetes Verhalten der Rehe. Wahrscheinlich hatten sie im Schnee den Überblick und waren, sich ihrer Schnelligkeit bewusst, Herr der Lage. (Feldrehe?)

Jagdfieber packte mich, längst war ich schussbereit, aber alles spielte sich immer noch jenseits der Jagdgrenze ab. Bange Minuten verstrichen. Kommt doch endlich herüber....! Das geschah dann auch, aber schon sehr weit. Vielleicht kommen sie ja Horst! Die Richtung stimmte fast...! In diesem Gedanken löste sich aus der Rotte ein Stück und kam langsam in meine Richtung. Prima, weiter so! Auf einem Schneeflecken ging sie ohne Schlegeln in die ewigen Jagdgründe! - Hochblatt, 130 Meter und direkt an der Grenze, aber bei uns! Waidmannsheil!

Zeckensitz

Durch einen großen Weizenschlag verlief die Jagdgrenze im rechten Winkel. Genau in diese Ecke stellte ich mit dem Rücken zum Nachbarn einen Drückjagdbock meiner Bauart, nämlich bequem mit schräger Rückenlehne und für langes Sitzen gedacht und gemacht. Erheblicher Wildschaden machte diese Maßnahme erforderlich. Otto, langsam in die Jahre gekommen, fragte mich nach einem guten Bock in diesem Revierteil, den er gerne selber erlegen möchte. Ich saß auf besagtem Sitz, der Sauen wegen, als sich oben vom Waldrand her ein braver Bock langsam durch das Getreide arbeitete. Es war Blattzeit. Offensichtlich suchte er eine Gleichgesinnte! Es wurde dämmrig, der Bock war weg und Sauen hinter mir im Feindesland, wo sie auch in Ruhe schmatzen durften. Sie verzogen sich, natürlich unbeschossen, zu später Stunde.

Ich rief jetzt noch Otto zu Hause an und berichtete ihm von diesem Bock. Ein Besteigen des Zeckensitzes, Ottos Lieblingskanzel mit einer Bodenhöhe von mindestens sieben Meter und insgesamt in meinen

Augen ein saugefährliches Scheißding, vor Tau und Tag mahnte ich an. Das wäre viel zu früh für einen betagten Rentner, so sein Einwand. Ich entgegnete mit einem meiner Lieblingssprüche: „Wenn du auf mich hörst, machst du was du willst!" Mit spaßigen Wünschen zur guten Nacht und besten Empfehlungen an die Frau Gemahlin beendeten wir das informativ heitere Gespräch.

Kommenden Morgen, halb acht und in den Sommerferien, randalierte mein Telefon auf der Anrichte. Otto war auf der anderen Seite der Leitung und fragte, ob ich ihm helfen könnte? Der Bock läge im Weizenacker. Ich bejahte natürlich und machte ich mich auf den Weg zu ihm. Das Bergen zwar nicht, aber vor Ort im Hängen Aufbrechen war Neuland für den älteren Waidmann. Es kam anerkennendes Nicken und danach „en lütten Schnäpsjen in de Morningtime is besser als den ganzen Tag gar kein!" (Spruch eines Musikkollegen aus Ostfriesland)

In der Not geht es auch mit Schrot

Herbstdrückerchen, Flintenjagd! Vielleicht zwanzig Jäger, teils mit Hunden, versammelt, um unter anderem die Hecken mit breiten Gräben unweit einer Hauptverkehrsstraße durch zu stoppeln. In knapper Schrotschussentfernung voneinander flankierten wir die Treiber in der breiten Grabensohle. Freigegeben waren Fuchs, Hase und Horst hatte in der Ansage betont, dass evtl. ein verunfalltes Reh sich hier stecken könnte. In weiser Voraussicht hatte Otto mich mit Anna an den Schluss der flankierenden Schützenkette gestellt. Auf der gegenüberliegenden Seite fiel ein Fuchs, den meine Terrierdame lauthals rausgeworfen hatte. Auch mir kam ein Hase, welcher auf dreißig Meter rollierte.

Anna wurde kurz darauf in einiger Entfernung wieder giftig laut. Ein offensichtlich krankes Reh wechselte aus dem Gehölzstreifen. Ein krummer Rücken und ein schlenkernder Hinterlauf waren untrügliche Zeichen. Alles starrte hilflos und mit gesenkten Flinten auf die arme Kreatur, die sich schwerfällig an der Schützenkette entlang aber immer weiter davon entfernte. „Schießen!" rief ich laut vernehmlich. Nichts geschah. Das Reh passierte so etwa drei Jäger in passabler Entfernung. Bei mir angekommen waren es gute 40 Meter. Meine 3,5er Schrote stellten es auf den Kopf. Sofort nahm ich die Beine in die Hand, Flinte links, die Messerscheide zwischen den Zähnen haltend, Nicker rechts zum Reh, um schnellstmöglich abzufangen oder nachzuschießen. Die Schockwirkung der Schrote hätte schon nachlassen können, war das Stück doch voller Adrenalin. Das Messer glitt aber dann hinters Blatt, eine Drehung beim Ziehen, und alles war gut. Eine Mitjägerin, die ebenfalls kurz nach mir und Anna am Reh eintraf, meinte, ich hätte aber eine saubere Brenneke geschossen. Als ich vor ihr die abgeschossene Patrone aus dem Lauf holte, staunte sie nicht schlecht. „Mit Schrot auf Rehwild? ...das ist doch verboten!" ... so auch der überwiegende Teil der verdutzt schauenden Mitjäger. Natürlich war dieser Schrotschuss im Rahmen des Tierschutzes absolut gerechtfertigt und kein Gesetz hätte mich von diesem Handeln abhalten können. Horst betonte dies auch noch mal am Ende der Jagd mit Nachdruck.

Diese Mitjägerin und humorvolle Freundin raunte mir irgendwann Jahre vorher anlässlich einer Gesellschaftsjagd und auf dem Weg zum nächsten Treiben mal heimlich ins Ohr: „Na, die läufige Hündin da vorne wäre wohl besser zuhause geblieben!"... Es handelte sich hier jedoch um einen Rüden, der sich in dem Gestrüpp das Geschröte leicht aufgeschunden und einen breitbeinigen Gang hatte! Wir können heute noch darüber lachen und es wird immer wieder mal aufgewärmt, wenn wir uns begegnen.

An diesem Jagdtag stand ich nachmittags am Waldrand zu den Wiesen hin. Sauen, Raubwild und auch Hasen waren frei. Der Besatz an Hasenwild war recht gut, und der eine oder andere konnte ruhigen Gewissens erlegt werden. Ich hatte meinen „Hans" geschultert, seines Zeichens ein Suhler Drilling, 16/70 und 7 x 57. Gestopft hatte ich 3,5 mm für Fuchs und Hase und die Kugel für das eventuelle Wutzchen. An einem guten Pass pardonierte ich aber zwei Hasen mit dem Gedanken: Sorgt für Nachwuchs! Dann kam Hase Nummer drei. Auf gute dreißig Meter rollierte er hinter mir auf der Wiese; mein erster Hase wieder seit mindestens zwanzig Jahren!

Wieder mal ein Drückerchen an der Tambourschneise. Ich stand diesmal, meistens ging ich ja mit durch, unweit einer Gatterecke, die der Fährten wegen gute Strecke versprach. Der Drilling stand auf Kugel, denn Sauen waren im Treiben. Den Bahndamm im Rücken und mit bestem Überblick harrte ich der Dinge, die da kommen sollten. Es kam ... ein Hase gemächlich von unten herauf. Offensichtlich nicht wissend, wie es um ihn stand und wie nahe er dem Hasenhimmel sein könnte, hoppelte er am Gatterzaun entlang. Direkt an der Ecke stand ein dicker Baum zwischen mir und dem Draht. Dahinter verhoffte und sicherte Mümmelmann, wohl wegen der weiter unten lärmenden Treiber. Mal sah ich seine Nase witternd nach rechts raus lugen, dann etwas später wieder links raus. Das wiederholte sich in dieser Form mehrfach. Eigentlich fehlte nur noch die weiße Parlamentärsfahne. Mit einem Grinsen im Gesicht pardonierte ich dann auch dieses, für Ostern doch so wichtige Geschöpf. Wahrscheinlich dachte er sich wohl auch, da steht der „Mathese Friedel", der tut dir nichts, empfahl sich in Richtung Bahnbewuchs und war somit gerettet.

Wildschadensverhütung

Spätsommer an der B 45, ein riesiger Maisschlag! Horst erlegte an diesem Acker nächtens zwei Sauen. Beim Frühansitz fehlte augenscheinlich ein anderer Jäger eine Größere! Die Kontrollsuche machte ich mit Anna, leider tatsächlich ein Fehlschuss. „Hier muss heute Abend wieder jemand sitzen", so die einhellige Meinung. Dieser Jemand war ich. Schnell hatte ich einen Drückjagdbock Marke „Friedel" platziert, um die eingeplante halbe Nacht wenigstens ohne Kreuzschmerzen zu verbringen. So saß ich denn am frühen Abend noch bei gutem Licht und mit dem Rücken am Mais. Der Blick ging in Richtung des südlichen Waldrandes, von wo ich die Wutzeviecher erwartete. Erschwerend kam hinzu, dass das Stroh des abgeernteten Gerstenfeldes vor mir in hohen Schwaden und quer zu mir lag. Horst wollte sich etwas später an die Westseite zur Bundesstraße hin ansetzen. Die Sonne war noch nicht lange verschwunden, da glaubte ich eine Bewegung im Gerstenacker zu bemerken. Lange passierte nichts. Gerade als die Spannung abfiel, kam vor mir auf Schrotschussentfernung ein Frischling über das Stroh in Richtung Kukurutz.

Zum Eintauchen in die Welt des Kochtopfes hatte er sich noch auf Stroh gebettet. Na, sauber, Friedel! Bleib mal schön sitzen, schließlich bist du hier Gast und vielleicht kommt noch ein Füchslein oder ein Bandit mit schwarzer Maske.

Nein! ....die Sauen kamen kurze Zeit später erneut, diesmal von links. Auch da war ein Naseweis dabei. Warum musste er auch ausgerechnet hier einwechseln wollen? Allerdings lag er nicht am Anschuss, sondern ging mit hellrotem Schweiß noch ungefähr dreißig Meter. Diesen zog ich nach einigem Abwarten zuerst in die Nähe des Weges. Darauf folgte die Nummer eins in gleicher Manier. Mittlerweile war es Nacht geworden. Komisch, dass Horst noch nicht nachgefragt hatte, was denn diese Kanonade in seinem Revier bedeutete? Auf dem Weg zu meinem Auto hätte ich ihn gestört. Darum rief ich ihn jetzt an. Auf die spaßig vorwurfsvolle Frage, ob ich denn alleine die Schweinchen versorgen müsse, war er ganz verdutzt. Wie, was, auch noch zwei Sauen! Hätte ich denn mit der Armbrust geschossen? Auf alle Fälle hätte er keinen Schuss gehört, obwohl er nur maximal 150 Meter von mir entfernt um die Ecke saß. Der kräftige Abendwind in meine Richtung und das damit verbundene laute Rauschen der dürren Maisblätter hatte anscheinend alles übertönt. Alkoholgenuss schloss ich von vorneherein aus! Um so herzlicher war das ehrliche Waidmannsheil!

Für dieses Revier baute ich viele Hochsitze und Drückjagdböcke. Nach einer Pachtdauer von 46 Jahren endete die Aera Otto mit Ablauf des Jagdjahres im März 2018. Die Kanzeln Typ Friedel und die Drückjagdböcke sollte ich wieder abholen, hatte ich sie doch als ständiger Jagdgast alleine gefertigt, aufgestellt und zur allgemeinen Nutzung dem Revier überlassen. Nach einem verregneten Herbst und Winter fuhr ich dann an einem leicht frostigen, aber trüben Spätwintertag in dieses Revier um mir über die Vorgehensweise des Abtransportes der Ansitzeinrichtungen klar zu werden. Als ich um eine Heckenecke bog, kam mir zufälligerweise Otto in seinem Geländewagen entgegen. Groß war die Wiedersehensfreude und gemeinsame Erlebnisse wurden aufgewärmt. Der allgegenwärtige Obstler, für besondere Zwecke griffbereit im Flachmann, rundete die herzliche Begegnung ab. Überdeutlich merkte ich, dass ein Loslassen von Revier und alter Gewohnheit sehr schmerzlich sein kann, denn nicht nur Otto hatte bei unserer Verabschiedung einen Kloß im Hals!

6. Wildbret

Wir jagen seit Urzeiten zur Nahrungsbeschaffung. Aber Jagen ist die eine Seite, die Wildbretvermarktung und die dazugehörige Lebensmittelhygiene heutzutage eine Andere. Zu meiner Jägerprüfung 1976 mussten wir aus Mangel an Gelegenheit oder wahrscheinlich des Aufwandes wegen lediglich das Aufbrechen eines Stückes Schalenwild detailliert beschreiben können. In der Praxis wurde meistens direkt nach der Erlegung vor Ort auf dem Erdboden aufgebrochen, möglichst noch auf den gespreizten Hinterläufen des Stückes kniend. Die Waidgerechtigkeit verbot damals auch, die Ärmel hoch zu krempeln....!

Lange vor meiner Jägerprüfung sagte unser alter Förster - einer meiner Lehrmeister - während des Aufbrechens eines Rehs mit einem nicht so guten Schuss zu mir: „Schneide den ganzen Rotz weg, sonst fault es!" Damit hatte er schon Grundlegendes gesagt. Wasser durfte damals allerdings nicht verwendet werden! Vielmehr sollte alles mit Schweiß ab und ausgewischt werden. Dass da auch oft Darminhalt oder Ähnliches dabei war, bedarf keiner weiteren Erläuterung; zu groß war die Schweinerei! Auch Feldhasen wurden lediglich ausgedrückt und dann „abhängen" lassen. Desgleichen geschah mit Federwild. Durch das „Aushakeln" wurde zwangsläufig der Darm verletzt, und es konnte dadurch munter von innen weiter gammeln. Genau aus diesen Gründen verziehen auch heute noch viele Menschen das Gesicht, wenn es um die Zubereitung und den Genuss von Wildbret geht. Grundsätzlich breche ich auch alles Nieder- und Flugwild auf und entnehme die Innereien durch die geöffnete Bauchhöhle. Selbstredend wird in Trinkwasserqualität ausgespült.

Metzgermeister und Lehrprinz Onkel Karl erzog mich schon sehr früh dazu nach Art der Metzger aufzubrechen. Mittels einer Schaltafel auf Zimmrerböcken mit zwei etwas schräg zulaufenden Kanthölzern als Kippsicherung baute ich meinen ersten Schragen. Dann gewöhnte ich mir an, zumindest einen Aufbrechbock zu benutzen. Auch war das für die Wirbelsäule viel besser. Hier konnte das Stück zwischen zwei Holmen liegend bequem und ohne Erdkontakt ausgeweidet werden. Ein solcher Bock hatte es sogar bis in den Hegetipp des Altmeisters Amann im Lehrrevier des LJV Hessen geschafft, den ich ihm dankenswerterweise nach bestandener Jagdaufseherprüfung zur Rückenschonung baute. Wenn es denn mal notgedrungen im Revier sein muss, breche ich gerne auf zwei zusammengelegten Rundhölzern auf. Hervorragend eignet sich hier aber auch zum Hängendaufbrechen ein 12er Edelstahlbügel mit gering aufgekröpften Enden, der am Seil über einem stärkeren Ast das Stück an den geheesten Hinterläufen aufnimmt. Heute hat mein Schragen sogar zwei Räder und ich kann damit meine Strecke sehr gut alleine vom Wildträger auf der Anhängerkupplung in die Wildkammer verbringen, denn seit vielen Jahren brechen wir (fast) alles zu Hause in der Wildkammer auf. Hier auf diesem Aufbrechbock wasche ich erst mal das Stück. Dann setze ich das Messer zum Öffnen von Hals und Brustbein an. Je nach Alter der Kreatur verwende ich dazu auch Schere oder die Säge. Ist das geschehen, heese ich und ziehe mit dem Schlachthausaufzug das Wild an den Hinterläufen gespreizt an zwei Edelstahlhaken hoch. Zum Auffangen von Schweiß und Aufbruch dient eine baumarktübliche Mörtelwanne, die wiederum zum Abtransport desselben gut in den Wildträger auf der Anhängerkupplung passt.

Mühelos kann man so hängend nach dem Aufschärfen der Decke die Schlossnaht erkennen und das Schloss sauber öffnen. Der Enddarm wird dann großzügig um das Waidloch ausgelöst und mit der unverletzten Blase über den Pansen nach unten, also Richtung Haupt, gezogen. Dem neumodischen Ringeln stehe ich eher skeptisch gegenüber, da Darm- und Blaseninhalt versehentlich trotz allem in den Wildkörper gelangen könnten. Geöffnet ist im Becken dann auch viel mehr Platz um Feist und Darm sauber auszulösen und spülen zu können. Die wenigen

Gramm Wildbret, die durch leichtes Antrocknen der Keulen beim Abhängen evtl. verloren gehen, kann ich gut verschmerzen. ...Außerdem: kein Metzger ringelt!

Auch kann man bei optimaler Beleuchtung den Zustand der Organe besser beurteilen. Mit wenigen Schnitten und mäßigem Zug, der einzelnen Organbegutachtung wegen, fällt dann alles incl. Drossel, Schlund und Lecker in den Kübel. Eine Reinigung wird stets mit klarem Trinkwasser vorgenommen. Vorher schneide ich aber großzügig Schusskanal und Hämatome, soweit feststellbar, weg. Zur Aufbewahrung im Wildkühlschrank entferne ich auch meistens das Haupt und die Läufe an den Gelenken. Natürlich hängt das Wild auch dort mit den Keulen nach oben! Dem Zerwirken geht eine Reifezeit bei drei bis vier Grad Celsius in der Decke oder Schwarte voraus. Sie dauert vier bis fünf Tage.

Selbstredend findet eine „Lebendbeschau" vor der Entschließung zum Schuss statt. Geringste Zweifel am Gesundheitszustand lassen mich (uns) das gesamte Stück sofort verwerfen, ebenso alles verunfallte Wild. Auch strebe ich einen Treffer hinter dem Blatt an. So nehme ich eine kurze Todesflucht in Kauf, schweißt dadurch doch das Stück in den Wildkörper schon mal gut aus. Nebeneffekt ist dann eine kurze Schweißfährte als Übung am nächsten oder übernächsten Tag für meine Hunde, wozu ich Pürzel, Lauf, Teller oder einen Lauscher abschärfe und am Platz als Fund belasse. Einen Kopf- oder Trägerschuss trage ich aus den oben angeführten Gründen nur ungern, höchstens mal aus triftigem Grund, an.

In den wenigsten Fällen geht bei mir ein Stück in der Decke oder der Schwarte an die Kundschaft. Mindestens 95 % meiner Strecke vermarkte ich küchenfertig portioniert oder als Wurstwaren, die ich allerdings vom Metzger herstellen lasse. Der kann das besser als ich, und alles kann man nicht selber machen!

Zum Sortiment gehören neben den Edelteilen auch Fleischwurst, Fleischkäse, Salami, Grill- und Bratwürste in verschiedenen Geschmacksrichtungen sowie gelegentlich Schinken, Leberwurst und Presskopf. Im Laufe der letzten 40 Jahre hat sich ein Kundenstamm etabliert, der mit meinen Produkten aus Wildbret sehr zufrieden ist und mich auch gerne weiterempfiehlt. Auch ist das Angebot preislich angemessen und keinesfalls überteuert. Die Keulen und der Rücken sollten angemessen honoriert werden und gut den Preis decken, den ich an den Revierinhaber zu zahlen habe. Jagen ist Handwerk!

Grüne Abende

Um unser Waidwerk der Bevölkerung näher zu bringen und Absatzwege für Wildprodukte zu finden, kam ich in den 1990ern darauf, Vorträge und Referate über Jagd und Wild, u.a. bei den sich damals neu verjüngenden Landfrauenvereinen der Umgegend anzubieten. „Grüne Abende" nenne ich das. Da ich das Unterrichten von der Pike auf erlernte und den „Stoff", so denke ich, ganz gut rüber bringe, bin ich gern gesehener Gastreferent bei den Damen. Kurzweilig und den Zeitrahmen meistens sprengend, kommen wir nach den umfangreichen Themen und ehrlichen Fragen der koch- und lebenserfahrenen Teilnehmerinnen ans Ende der ersten grünen Info.

Die zeitnah anschließende zweite Runde besteht aus der Zubereitung von Wild in den verschiedensten Variationen. Hierzu engagieren wir entweder eine gute Köchin oder einen guten Koch und buchen eine geeignete Küche dazu. Alternativ kochen die Damen auch gerne in eigener Regie, wobei immer der Austausch und das Lernen voneinander die wichtigste Rolle spielt. Ich bin dann meistens „Hahn im Korb", Moderator, stelle dumme Fragen und werde nach Strich und Faden verwöhnt, zumal ich auch schon mal ein gutes Stück Fleisch sponsere und mir dadurch mein Essen verdiene. Ein Erlebnis der besonderen Art ist das aber allemal. Auch verfasse ich dann hin und wieder einen Artikel in der örtlichen Presse oder einer Jagdzeitung über die gelungene Sache, denn Klappern gehört zum Handwerk!

So auch an einem schönen Herbstsonntag auf einer Kanzel Typ „Friedel" im schönen Bukasiland. Vor mir lag eine, vom Wald umrandete, mehrere Hektar große Wiese, die mit Hutebuchen bestückt ist. Ich saß schon relativ früh, weil ich neben der Bbfl. auch den Schreibblock mit Bleistift dabei hatte. In meinen Zeitungsartikel vertieft und mit ausgefeilten Formulierungen kämpfend, bemerkte ich kaum, was um mich geschah. Erst als mich ein besonderes Abendlicht umgab, zückte ich das Handy und bannte ein paar wunderschöne Landschaftsbilder auf die Platte. Dann noch schnell fertig schreiben, denn eigentlich war ich ja zum Jagen da. Während des Schreibens blickte ich nur kurz und gedankenverloren auf die Herbertswiese, um den nächsten Satz gedanklich in ein gutes Deutsch zu bringen.

- Ohhh, ein großes Reh! - Reh? - neeiiiin! - Rotwild - ein Schmaltier - alleine und mitten auf dem Plan! - hundert Meter etwa! - Bautz! - kurze Flucht, und es knickt vorne ein. Dann ist Ruhe! Donnerwetter! Waidmannsheil! Das Stück war relativ schwach und wog nur 49 Kilo aufgebrochen. Wahrscheinlich wurde auf einer Drückjagd das Alttier erlegt und das verwaiste Kalb wurde dann vom Rudel verstoßen! So vegetieren sie alleine vor sich hin. Es schmeckte aber trotzdem ganz hervorragend! Der Zeitungsartikel wurde anderntags fertig!

Wasserbock

Aufgrund eines solchen „Grünen" Abends als Denk-
anstoß, wurde ich eines Tages um fachmännisch-grü-
ne Hilfe gebeten…!

Wir waren an einem Sommersonntag mit unserem
Orchester zu einem Unterhaltungskonzert in der
näheren Umgebung unterwegs. Natürlich trinkt man
auch ein, zwei Glas Bier, besonders wenn man nicht
Autofahren muss. Wieder zu Hause angekommen und
die verdiente Augenpflege im Hinterkopf, klingelt
das Telefon. „Ei Friedel, kannste emoul komme, do
owwe in de Laaschder Bach stieht en Riebock!"
Großer Gott, welch ein Telefonat! …Den Anrufer
kannte ich gut. Seine Stimme klang jetzt eigentlich
hilflos besorgt. Also, tschüs Sofa, nachsehen, und der
Sache auf den Grund gehen.

Ich schwang mich, sommerlich-jagdlich gewandet in
Lederhose und T-Shirt, auf mein Fahrrad und radelte

querfeldein mit über den Rücken geschnalltem Nachsuchenrepetierer zur beschriebenen Stelle. Es war Hochsommer und die Nidder stellenweise mit Seerosen überwuchert. Langsam und die Erlenbüsche ausnutzend suchte ich das Wasser nach dem Reh ab. Ein Stück weiter vorne wartete Anrufer Erich und gab Handzeichen. Jetzt sah ich bachabwärts, halb von Weiden verdeckt, am jenseitigen Rand mit relativ steilem Ufer einen gegabelten Jährlingsbock mit offenem Äser, abgehetzt und ausgelaucht, nur noch mit Kopf und Rückenlinie aus dem Wasser ragend, im Kraut stehen. Alleine wäre er wahrscheinlich nicht mehr an das Ufer gekommen, geschweige denn, es noch zu erklimmen.

Hopp oder topp! ...er sollte leben! Aber den Nachbarn gönnte ich ihn auch nicht. Ich legte Waffe und die Geldbörse mit dem Ausweis, etc. ins Gras und ließ mich von dem apathisch anmuteten Böckchen unbemerkt durch Uferbewuchs und Brennnesseln ins brusttiefe Wasser gleiten. Die Entfernung zum Stück betrug knappe zwanzig Meter. Halb schräg von hinten konnte ich mit der Strömung teils schwimmend oder watend mit Seerosenblättern über Kopf und Gesicht als Tarnung leise in die Nähe kommen. ... Abstand schätzen, Tauchen, direkt neben dem Bock hochkommen und sofort das Gehörn greifen, gelang bilderbuchmäßig. Jetzt konnte ich das Tier gefahrlos über das diesseitige Ufer verhältnismäßig einfach und mit Erichs Hilfe, der mir die Hand zum Ausstieg reichte, aufs Trockene bugsieren. Das Gehörn hatte ich immer noch fest in der Rechten. In einiger Entfernung zum Bach ließ ich ihn los und gab ihm einen Klaps auf die nassen Keulen. Anscheinend begriff er seine Lage, schaute mich ungläubig an und zog langsam, zuerst taumelig, dann zügiger zu dem nahen Weidensaum in die Deckung.

Es war ein guter Jährling, der vor der Blattzeit wahrscheinlich vom Platzbock bedrängt und ständig verjagt wurde. Ich sah ihn aber nie wieder.

Naumurische Krom...

Ich war helfender Gastjäger im östlichen Vogelsberg. Der ältere Pächter hatte den Doktortitel und war Arzt, stammte aber aus bäuerlichen Verhältnissen und war ein Jäger von altem Schrot und Korn. Seit vielen Jahren bejagte er dieses Revier, wie es seit Generationen die Waidgerechtigkeit vorgab. Ich war Jungjäger und streckte mich als Jagdgast selbstredend nach seiner Decke. Einzig und allein störte mich in diesen Gefilden das Aufbrechen vor Ort auf dem Erdboden. Ich bemängelte, auf diese Weise das erlegte Stück nicht direkt auswaschen zu können. Eher skeptisch-verhalten wurde mir gestattet, im Hof des Elternhauses des Pächters bei seinem Bruder am Misthaufen auszuspülen. Wasserhahn und Schlauch befänden sich im Kuhstall nebenan!

Im Hochsommer erlegte ich nach Freigabe bei einem sonntäglichen Morgenansitz einen schwachen Jährling. Die Uhr zeigte noch nicht die fünfte Stunde, und es war schon drückend heiß. Auch durfte ich das Böckchen übernehmen, worüber ich mich riesig freute. Hitze, Fliegen und in aller Herrgottsfrühe die rote Arbeit am Misthaufen auf einem fremden Gehöft mit Aufmüden der Rindviecher im Stall ....? Nein, das wollte ich niemandem zumuten und antun!

Also, Bock ins Auto, die zwanzig Kilometer nach Hause, sauber Aufbrechen und Spülen, mich waschen, etwas Kaffee in mich schütten und mit dem Kopf des Böckchens wieder ins Revier zum Beständer. Dieser war Frühaufsteher und empfing mich in seinem Büro mit hochrotem Kopf, den Telefonhörer in der Hand. Auf der anderen Seite der Leitung war die Polizeistation Büdingen. Er unterbrach das gerade begonnene Ferngespräch mit dem Diensthabenden in den Worten: „Danke, es hat sich soeben erledigt!" und legte auf. Zu mir meinte er, ich wäre jetzt nur um Haaresbreite einer Anzeige wegen Wilderei entgangen. Glaubhaft konnte ich ihm meine Gründe für diese „Zu-Hause-Aufbrechaktion" darlegen. Ein immer noch zögerliches, „der med seum naumurische Krom", aber erleichtertes und von der Aufregung heißeres Waidmannsheil folgte, als ich ihm das Haupt mit den Bleistiftspießchen und dem Bruch im Äser zeigte.

Ein Mitjäger, von dessen Revieraufenthalt ich freilich

nichts wusste, hatte von entfernter Warte das Schauspiel des Erlegens beobachtet, das Einladen des Wildes gesehen, mein Verschwinden aus dem Revier als Vergehen gedeutet und dieses dem Chef zu Recht gemeldet. Ich hätte ebenso gehandelt!

Bei unserem nächsten Zusammentreffen und Klärung des Sachverhaltes entschuldigte er sich unnötigerweise bei mir und lud mich zum Entenstrich in sein Wetterauer Revier ein! So geht es auch!

Nur noch Kopfschütteln...

Ein Freund des Beständers und „auch Jäger", der mir wegen seiner Großspurigkeit, gepaart mit vulgärer Rechthaberei nicht sonderlich sympathisch war, wollte waidwerken...! Schließlich bekam er dann im Herbst ein weibliches Stück frei. Nach Möglichkeit sollte es aber ein Kitz oder ein schwaches Schmalreh sein.

Das Storchennest erschien uns am geeignetsten für dieses Unterfangen, kamen die Rehe dort doch relativ vertraut und früh. Ich drückte mich vor der Verantwortung und begab mich abwartend und eher skeptisch diesem Zeitgenossen gegenüber mit meiner jungen Ardennenbracke Paula in Richtung Hillersch auf die andere Seite des Reviers. In der fortgeschrittenen Dämmerung hallte ein Schuss übers Niddertal. Ich blieb weiter sitzen und harrte gespannt der Dinge, die da kommen sollten. Das Sagen hatte ja der Chef, und seine Freunde waren in diesem Fall aber nicht auch meine Freunde.

Nach einer guten halben Stunde meldete sich mein Handy in der Brusttasche: Ich sollte doch mit dem Hund kommen, es gäbe da eine Kontrollsuche! Mittlerweile war es dunkel. Paula war zu diesem Zeitpunkt gerade mal sieben Monate alt. Allerdings hatte ich sie schon recht gut mit dem Fährtenschuh eingearbeitet, und sie wusste sehr genau, um was es ginge, wenn der Schweißriemen ausgeworfen und die Schweißhalsung angelegt wurde. In Hochsitznähe, von welchem aus geschossen wurde, standen drei Autos mit laufendem Motor und voll aufgeblendeten Scheinwerfern, die Wiese ausleuchtend. In diesem Licht tappten drei Personen mit Taschenlampen herum. Ziemlich barsch ordnete ich die sofortige Einstellung des sinnlosen und destruktiven Verhaltens an. Was ich denn eigentlich wollte, der Anschuss müsste hier irgendwo sein, und die Rehe wären in diese Richtung abgegangen. Das beschossene Kitz wäre von den anderen mitgenommen worden. Ich gab nicht nach und bat, jetzt wieder höflicher, sämtliche Lichter zu löschen, Paula nicht zu irritieren und an den Autos zu warten.

In der vagen Hoffnung auf ein erfolgreiches Ende dieser Aktion nahm ich meine junge Ardennenbracke an den Schweißriemen. Sie zeigte mir tatsächlich die Fährten der nach oben abgegangenen Rehe, allerdings kein Schweiß oder andere Pirschzeichen.

Durch das Herumgelatsche der „Jäger" wurde eventuelle Krankwitterung an viele Stellen getragen, und demzufolge war auch natürlich nichts Genaueres festzustellen. Ich gab als letzten Versuch Paula langen Riemen und ließ sie vorsuchen. Nach kurzem Bögeln ging sie anscheinend auf der Fährte, aber laut Angabe in die falsche Richtung, wie mir auch lautstark und unwirsch zugerufen wurde. „Do seu se doch herkomme..!" Die Bande hatte mich verunsichert, und Paula war noch sehr jung...! Ich setze sie erneut an. Sie ging mit tiefer Nase und hoher Rute interessiert in die gleiche Richtung wie vorher.

Gar nicht lange und sie zeigte mir Schweiß am Wegrand, wurde heftiger und der Riemen im angrenzenden Jungwald nach wenigen Metern schlaff. Sie stand am Stück! Nach ausgiebigem Loben kam der erlösende Ruf: „Reh tot!" Vor mir lag anstatt eines Kitzes eine sehr starke Geiß mit noch etwas Milch in der Spinne. Die Helfer zogen sie schnell zu den Autos. Mein Angebot, wie üblich im Hängen aufzubrechen, wurde mit einer unwirschen Handbewegung abgetan. Der Schütze zückte sein Messer, stach durch die Bauchdecke und riss durch. Es spritzte....! Mehr braucht man dazu nicht zu sagen! Als er mit dem „Ausräumen" fertig war, wischte er noch mit Gras aus. Ich sollte das Stück anschließend mit zu mir nehmen, er hätte keinen Platz in der Truhe. Jetzt wurde ich aber wieder schärfer in meinem Ton: „Das kann (fr)essen wer will...!" Vom Chef (er stammte aus einer Metzgerei) kam kein Wort des Tadels, aber auch von niemand eine Anerkennung der Hundearbeit wegen. Ich war dann mal weg...!

Dieser Typ wurde irgendwann ein hohes Tier in einer Jägervereinigung und sogar, man höre und staune, in eine Jägerprüfungskommission berufen! Hier schweigt des Sängers Höflichkeit!

7. Gustav und die Rhön

Hier die Vorgeschichte zu einem Mitjäger und Freund, mit dem ich viele wunderbare und humorvolle Jagderlebnisse teilen konnte. Seit einiger Zeit deckt auch ihn die kühle Erde. Der Gedanke an diesen urigen Vogelsberger lässt nicht nur mich in köstlich-dankbare Erinnerungen versinken.

Wie lernten wir uns kennen? Ein Jagdtag um Hubertus bei uns in Oberhessen, Mitte November in den Achtzigern des vergangenen Jahrhunderts. Der Jagdherr beauftragte mich, für diesen Tag einen älteren Jäger mit Vollbart und uralter, abgelutschter Tabakspfeife unter meine Fittiche zu nehmen. Eine gewisse Sympathie zu dem hageren, leicht vornübergebeugten

Herrn mit lustigen Äuglein konnte ich nicht leugnen. Spaßige Redewendungen, etwas Jägerlatein und Fachsimpelei über Hunde brachten uns vorbehaltlos und freundschaftlich näher. Damals führte ich meine hervorragende Jagdterrierhündin Ricke und den ebenfalls sehr guten Deutsch Kurzhaar mit dem Zwingernamen „Waidmanns Gustel" aus der bekannten Linie „Pöttmes". Wegen seines ruhigen, bedächtig-erhabenen Wesens gepaart mit viel Körpermasse nannte ich ihn Gustav. Irgendwo erinnerte er tatsächlich an den „Eisernen Gustav", die bei den betagteren Jahrgängen weithin bekannte Figur aus einem gleichnamigen Film des Nachkriegsdeutschlands. Liebe- und hingebungsvoll nannten ihn Sina und Timo „Bufbaf!"

Herr Östreich war ein erfahrener und weltoffener Jäger mit dem Herzen auf dem rechten Fleck. Wir machten an diesem Tag gute und saubere Strecke an Enten, Fasanen und Hasen. Ricke stöberte super und Gustav brachte zu Land und zu Wasser so ziemlich alles, was in der Umgebung gestreckt wurde. Ergänzend muss ich dazu erwähnen, dass ich mit meinen Hunden einen ganz normalen und humanen Umgangston pflege und keine übertriebenen Kommandos gebe, schon gar nicht unnötig scharf. Meist genügt die Zeichensprache und der Tonfall. So sagte ich auch mal an besagtem Jagdtag ruhig und sinngemäß zu meinem großen Vierbeiner, der noch gelangweilt in der Nähe umher schnüffelte: Mensch Gustav, mach dich endlich her, du alter Simpel, oder Gustav, alte Seifenschnute, was hast du jetzt schon wieder, komm, los einsteigen! Beeil dich doch e bissi, wann de waasd, dass de langsam bist!

In einer Jagdpause bemerkte ich dann, dass der Beständer und Herr Östreich tuschelnd-grinsend in meine Richtung schauten. Anscheinend war ich der Anlass des Gemunkels. Plötzlich brachen die Umstehenden in schallendes Gelächter aus. Herr Östreich hieß auch mit Vornamen Gustav! Das wusste ich natürlich nicht. Peinlich war mir dieser Vorfall aber keineswegs, der beiderseitige Humor hatte längst gesiegt und war der Anfang einer guten und verständnisvollen Jagdfreundschaft auf Augenhöhe. Gustav Östreich führte ebenfalls Jagdterrier und Griffon, nur an diesem Tag waren sie bei Frauchen!

Gustav und ich jagten in der Folgezeit hin öfters gemeinsam in der bayrischen Hochrhön. Es war direkt nach der Wende. Er war in dem dortigen Hochwildrevier mit gelegentlichem Rotwild, viel Schwarzwild und sehr gutem Rehwildbestand Jagdaufseher und wohnte als Pensionär mit Ehefrau und Hunden überwiegend im angemieteten Haus des Jagdherren, der auch unser Heimatrevier mit zugepachtet hatte. Anneliese kümmerte sich um den Haushalt und Gustav war, wie seine Gesundheit es zuließ, in und auf der Jagd unterwegs. Natürlich kannte er alle Wechsel und Geheimnisse dieses herrlichen Rhönrevieres.

Als Revierfahrzeug diente ihm ein hellblauer Trabbi, dem er den Beifahrersitz ausgebaut hatte. So konnte Kirrgut, Hunde und diverses Material recht gut transportiert werden. Eine Anhängerkupplung gab es auch. Wenn man dann auf diesen Knauf einen Turnschuh stülpte, verwandelte sich die gewöhnliche DDR-Rennpappe in einen Trabbi-Sport! Seine Allroundwaffe war ein Repetierer mit herrlicher Schaftverschneidung, Kal. 8x57. Nur am Riemen hatte er gespart. Hier tat eine Wurstkordel den gleichen Dienst. „Des rabbelt net so!" war sein Kommentar dazu.

Für schwerere Arbeiten, wie Hochsitzbau, etc. war ich dort oben erster Mann an der Spritze. Meistens um die Vollmondzeit jagten und arbeiteten wir in dem 63-Seelen-Dörfchen mit einem Gasthaus. Deftige fränkische Küche und gutes Rhönbier bei „Allgeiers" machten uns das Überleben leicht. Ansitze, auch mal die Nacht durch, waren durchaus an der Tagesordnung. Heute weiß ich aus Erfahrung, dass sich dieser enorme Jagddruck und die damit verbundene menschliche Witterung sehr negativ auf den Jagderfolg ausgewirkt haben.

Während eines solchen Nachtansitzes - einer meiner ersten im Herbst 90 dort oben - fror ich so gottserbärmlich, dass ich die 260 km! - Heimreise und Hinfahrt - auf mich nahm, um den Ansitzsack meiner Ausrüstung hinzuzufügen. In gleicher Nacht wieder in der Rhön angekommen, schaffte ich mich, von Allen unbemerkt, sofort wieder auf meinen Sitz, den ich der Kälte und des Klamottenholens wegen heimlich verlassen hatte. Ansitzsack an, durchatmen, Glas an die Augen, oh - Sau - Bautz, und es lag ein Überläuferkeilerchen auf der Schwarte.

Seit dieser Zeit sorge ich bis heute stets für warme Kleidung, eher etwas mehr, gemäß dem Leitspruch meiner Ahnen: „Was warm hält, hält auch kühl!" Ansitzen in der kalten Rhön und dem hohen Vogelsberg im Winter ohne Ansitzsack – eigentlich undenkbar!

Ein ähnliches Erlebnis, wieder Nachtansitz, diesmal im Tiefschnee, 13 Stunden bei 13 Grad minus mit zwischenzeitlichem kurzem Schneesturm, bei welchem mein Pajero restlos zugeweht wurde, erlegte ich in dieser Nacht fünf Füchse mit der Hornet im besten Mondlicht. Gustavs Begeisterung, besonders für einen reifen Kohlfuchs, ist mir eine bleibende Erinnerung. „Hot der a gaanz Meenche voll Fix!", höre ich ihn heute noch sagen.

Wahrscheinlich der vielen Hochsitze und Kanzeln wegen, die ich für und in Brüchs gebaut hatte, sagte eines Abends Adolf zu mir: „Setz dich amol do obbe hi, do gieht en gutte Bock! Mach hie un schieß en! Den haste dir dicke verdient!" In der Hochröhn ziehen brave Böcke ihre Fährten, die ich auch schon oft in diesem Revier bestätigt hatte. Ein solcher Ausnahmebock würde mich schon mal reizen. Also ging ich die Sache erwartungsvoll dankend an und besetzte die verordnete „Meisterkanzel". Auf mein neugieriges Fragen am „Jägerhof" war mir aber mit keiner Silbe verraten oder beschrieben worden, wie der Geheimnisvolle aussah. Gustav grinste nur!

Besagter Hochsitz stand an einem schmalen Kleestreifen, gesäumt von den rhöntypischen Lesesteinhecken. Hinter mir fiel das Gelände des verwachsenen, dörflichen Steinbruchs steil ab zu der kleinen Ebene, deren Felder von den Wildschweinen arg in Mitleidenschaft gezogen wurden. Etwas rechts, unweit auf einer kleinen Anhöhe, gleichzeitig der höchste Punkt im Revier, stand noch ein Horchposten der US-Armee. Nach Nordosten, bergab anschließend, begannen in zwei, - drei Steinwürfen die Grenzschutzanlagen der ehemaligen DDR.

Ich saß noch gar nicht lange und war in Gedanken versunken als plötzlich in der Abendsonne ein Bock auf den Plan trat, der mir fast den Atem nahm: Dunkelrot, doppelt lauscherhoch auf, stark, gut geperlt, weit ausgelegt, nicht so gleichmäßig und für mich Durchschnittsjäger mordsmäßig verreckt! Die linke Stange war wohl während des Bastes gebrochen und nach unten weiter gewachsen. Ich sah durch das Glas nur etwas Abnormes oben drauf, ansonsten sehr gut und vermutlich auch älter. Einen solchen Rehbock erlegt man nur einmal im Leben. Mit Gustavs aufmunterndem Grinsen im Hinterkopf ließ ich fliegen. Der Bock lag im Knall.

Erst mal das Fieber abklingen lassen und dann zum Bock! Einer meiner Besten lag am Anschuss. Mein Dusel war eigentlich unfassbar; ein für mich wahrhaftiger und abnormer Superbock! Dankbar gab ich ihm den letzten Bissen. Dann zog ich ihn ans Auto, verfrachtete ihn ins selbstgebaute Wildkörbchen auf der Anhängerkupplung und fuhr langsam und erwartungsvoll in Richtung Dorf der roten Arbeit wegen. Die Gesichter von Gustav und Adolf werde ich nie vergessen. Ihnen quollen förmlich, beim Anblick dieses Exemplars, die Augen aus dem Kopf. Ein ehrliches Waidmannsheil kam über ihre Lippen, gefolgt von einem nicht minder herzlichen Händedruck beim Überreichen des Erlegerbruches. Diesen Bock kannten beide nicht.
Nach dem Aufbrechen und einer Flasche naturtrüben Rhönbieres setzte ich mich noch mal zur Wildschadensverhütung unten in der Senke an den Hafer. Eine knappe Stunde später lag noch ein Frischlingskeilerchen auf der Sommerschwarte. Der Frühansitz fiel aus. Warum wohl?!

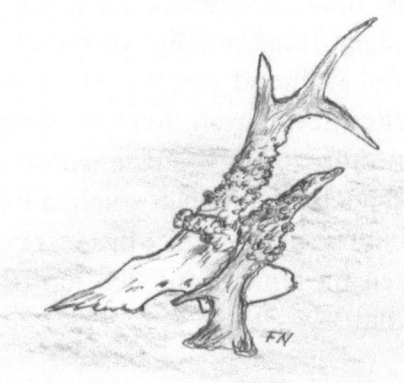

Winter in der Rhön

Wieder ein Mondwochenende, also bei Minustempe-
raturen nach der Schule donnerstags, Freitag hatte ich
unterrichtsfrei, den Aser geschnürt, Bockbüchsflinte
als Bergstutzen umgerüstet, EL Hornet/30-06, Kultur-
beutel, Schlafsack, Ansitzsack und dicke Klamotten
ins Auto und nach Brüchs gestartet. Schon auf der
Fahrt durch das Vogelsgebirge fiel, wie immer, der
Hader vom Alltag ab und wich der Vorfreude auf die
Hochrhön. ....ich bin dann mal weg! ...Frankenland
ruft!

„Geh du mal da vorne an die Hecke, wir haben noch
viel weibliches Rehwild zu schießen!", so die Begrü-
ßungsansprache des Chefs. Ich ging in eine Revier-
ecke, die kaum bejagt wurde und setzte mich auf ei-
nen rappeligen, unbequemen Hochsitz mit einem

sch.... beschwerlichen, zu engem, und mir generell verhassten Bodeneinstieg. Drehen und Bewegen auf diesem Unikum waren dann ebenfalls kaum möglich und die Waffe lugte notgedrungen aus dem viel zu kleinen Fenster. Die Innenwände „zierte" alter, gammeliger Teppichboden mit belebten Mäusenestern dahinter...! Naja, ist ja nur für kurze Zeit, ich werde es überleben, die Fenster sind ja offen. Ich beugte mich dem momentan Unabänderlichen und regte mich ab, ging es doch ums Jagen! Der Auftrag, dort zu jagen hätte aber auch bedeuten können: Mach dir Gedanken um einen neuen Sitz...!

Leichte Schneelage, bleigrauer Himmel, noch ist es relativ hell. Vor mir am Heckenrand erschien ein Sprung Rehe und beäste die Wintergerste. Dabei stand eine alte Geiß mit zwei schwachen Kitzen etwas abseits. Die sollten passen! Also Friedel, so meine Gedanken, du nimmst das Kitz, welches nicht im Blickfeld der anderen ist und schießt Hochblatt. Gesagt, getan. Ohne zu schlegeln lag es im Schnee. Die anderen Rehe tappten unruhig umher; offensichtlich waren sie sich des Umstandes nicht bewusst. Lautlos glitt die zweite Patrone aus dem Hutmagazin ins Patronenlager des Bergstutzens. Ebenso leise schließt die Waffe - großes Lob an Blaser! - Das zweite Kitz nähert sich dem Schwesterchen mit lang vorgestrecktem Hals und im Stechschritt. - Bautz! - Es lag dabei! Den Anderen wurde es jetzt doch zu viel und gingen zögerlich, offensichtlich genervt und unschlüssig ab. ... Sitzen bleiben und Waffe samt Hutmagazin auffüllen!

107

Eine knappe Viertelstunde später kam die eckige, überalterte Ricke mit dem langen Kopf vorsichtig aus der Hecke, nach ihren Kitzen sichernd. Sie gab mir das Blatt frei und im Knall streckte sie sich mausetot neben ihren schwachen Nachwuchs. Diese Triplette war meine erste, entsprechend wurde sie gewürdigt.

Eulensitz

Gleiches Wochenende, nach ausgiebiger und notwendiger Nachtruhe, einem deftigen Mittagessen, leichten Revierarbeiten und kurzer Ruhepause, hier hatte ich es mit Rentnern und Pensionären zu tun, ging es gegen 15.30 Uhr zum Ansitz. Ich wählte diesmal einen Platz direkt an der ehemaligen deutsch-deutschen Grenze. Der Grenzzaun war mittlerweile entfernt und man sah allerorten Hühnerpferche, Schafställe, uvm. mit dem Metallgrenzgeflecht gezäunt. Das aber nur nebenbei.

Hinter dem Horchposten oben fiel das Gelände zur ehemaligen Grenze stark ab. Von hier konnte man schon jetzt erkennen, dass die Natur in sehr üppiger Form die Narben der deutschen Teilung überwucherte und zu heilen versuchte.

Ziemlich genau am Grenzverlauf erbauten wir in den Sommermonaten eine winterfeste Kanzel, die den Namen Eule, - wieso auch immer, - bekam. Hier bezog ich Stellung und harrte der Dinge, die da kommen sollten.

Es dauerte auch nicht lange und im schwindenden Büchsenlicht kam eine relativ schwache Geiß alleine und ohne Kitz von Thüringen herüber. Da gab es kein langes Überlegen ... Bautz! - sie lag, schlegelte aber noch ein paar Sekunden, und ihr Schweiß färbte den Schnee ringsum rot. Dann kehrte Ruhe ein. Kein Lärm der Zivilisation, keine Flugzeuge, Totenstille. Ich könnte kurz eingenickt sein, wurde aber durch ein leises Schlurfen im Schnee unter mir aus meinem Dämmern geholt. Vorsichtig und bedächtig lugte ich so gut es ging aus dem viel zu kleinen Fenster auf der rechten Seite. Vier Wutzchen, ziemlich direkt unten bei mir, den Wurf vorwitzig in Richtung Rehlein gestreckt, zogen unschlüssig zu dem Frischfleisch hin!

....Hmmm, lecker!... Und der eine, der voran ....! Onkel Friedels... (frei nach W. Busch) ... Finger wurde krumm! Und eine Wutz lag neben dem Reh! Nach der doch mühsamen Bergung beider Stücke steil bergauf und der anschließenden roten Arbeit ... fiel der Frühansitz wieder aus!

Herbst, kurz vor Ende der Bockjagd (15. Okt. damals!). Direkt nach Ankunft in der Rhön astete ich eine alte Kanzel ohne Dach auf Brüstungshöhe runter und reparierte sie notdürftig, damit man dort einigermaßen sitzen konnte. Natürlich wollte ich auch wissen, was da kreucht und fleucht! Nach einer Tasse Kaffee und einem Stück Streuselkuchen saß ich dann sehr früh auf diesem Unikum und freute mich über den guten Standort, den unsere Vorpächter gewählt hatten. Auf der Spitze eines rechten Winkels, den der Waldrand rückseitig beschrieb, hatte man einen ungestörten aber gedeckten Ausblick aufs angrenzende Stoppelfeld mit Kleeuntersaat. Kurz vor Schwinden des Büchsenlichtes kam ein interessanter Sechser mit wenig Masse oben und Dachrosen, einem Senkrücken, eckiger Figur und tiefem Träger von unten zum Klee. Natürlich wurde er meine Beute. Auch der Zahnabschliff bestätigte meine Schätzung - Methusalem! Diesen Bock kannte auch niemand der Mitjäger. Von dieser Kanzel aus erlegte ich in der Folgezeit einige Rehe, viele Sauen und Rotwild kam auch gelegentlich in Anblick.

Hundebett

Karl war ein exzellenter Ingenieur bei Zeiss Jena, Physiker und logischerweise spezialisiert auf Optik, akribisch, liebenswürdig und zu dieser Zeit natürlich schon Rentner. Er soll angeblich an der Entwicklung der MKS 6 maßgeblich mitgewirkt haben. Diese hochauflösende Kamera wurde seinerzeit im Warschauer Pakt als ein militärisches Spitzenprodukt der NVA sogar zu Spionagezwecken aus dem Weltall eingesetzt.

Wie damals der jagdliche Kontakt zu Brüchs zustande kam, oder woher man sich kannte, weiß ich nicht und war mir letztlich auch völlig wurscht. Er kam mit uns Rhönjägern und der (mittlerweile vollzogenen) Wiedervereinigung Deutschlands aber sehr gut zurecht. Nur das zählte unter dem Strich. Allerdings sollte man stets mit Freund Gustav und seinen lustig verschmitzten Äuglein rechnen, der immer zu einem Schabernack gegen jedermann aufgelegt war.

In unserem Domizil in Brüchs schliefen die Gastjäger in Doppelstockbetten. Karl hatte eines in der unteren Etage alleine für sich „gepachtet"! Da er häufig zugegen war, wurde dies auch stillschweigend akzeptiert. Sein unruhiger Schlaf mit öfteren Umwälzen bedingte, dass die Zudecke in Form eines NVA-Kolters ständig aus dem Bett rutschte und er dadurch öfters wach wurde. Abhilfe sollte die Scherenzange einer ausgedienten Hundeleine schaffen, welche die Decke fest im Bett halten sollte. Sie war mittels Dübel und Haken an der Wand verankert. Soweit, so gut! Es funktionierte schon mal, außer, gelegentlich wurde der Rücken durch die hohe Schere kalt und ein Wachwerden, wieder zur Unzeit, war die Folge.

„Ist der Plan auch gut gelungen, bestimmt verträgt er

Änderungen!" Diese kleine Schere wurde nun kurzerhand durch ein Stückchen ausgedienter Hundeleine ersetzt und jetzt ungefähr im Deckendrittel zur Wand hin an einem angenähten Schlüsselring eingeklickt. Dadurch war der Rücken des Schlafenden jetzt gut von diesem Drittel abgedeckt und natürlich auch der Wärmeverlust dadurch stark eingedämmt, was zu einem ruhigeren und erholsameren Schlaf führte.

Karl kam wieder mal zum Jagen und wollte sein Bett belegen. Mürrisch, verdutzt und mit dem einzigen derben sächsichen Kommentar musste er feststellen, dass an dem Haken dieses Stückchen Leine mit Deckenhalteschere ein Hundehalsband hing, fein säuberlich alles auf einem größeren Handtuch inszeniert und als Hundebett arrangiert. Gustav und ich konnten noch nach Jahren herzhaft darüber lachen. „Weißt du noch, - de Kall!" …..Nuuuu!

...mit etwas Wehmut...

Viele Jahre sind seit dem ins Land gegangen, jagdliche Hochs und Tiefs mussten von mir weggesteckt oder durften ausgekostet werden. Aber ab und an zieht es mich einfach wieder in die bayrische Rhön. Irgendwie ist mir dieses Fleckchen Frankenland ans Herz gewachsen. Alleine, nur mit Paula und Fotoapparat, machte ich mich letztens auf, wieder einmal nach vielen Jahren den Erlebnissen und natürlich den Eindrücken des rauen Mittelgebirges nachzuhängen.

Die meisten der einstigen Rhönjäger jagen mittlerweile in den ewigen Jagdgründen. Ihre Gesichter ziehen an mir vorüber ...! Beim herbstlichen Gang durch dieses wunderschöne Revier kommen herrliche Erinnerungen an vergangene Tage. Am Standort der Meisterkanzel, von der aus ich damals den guten Bock mit der abgeknickten Stange erlegen durfte, fand ich im Herbstlaub neben den Kanzelresten ein größeres Stück des damaligen charakteristischen Grenzzaunes. Auch die „Eule" an der Grenze zu Thüringen steht noch an gleicher Stelle, allerdings jetzt erneuert.
Die Zufahrt zum Horchposten ist noch voll intakt, aber das Relikt des Kalten Krieges wurde restlos abgetragen und mittlerweile die Fläche von Jungwald überwuchert. Ich bin auf 620 m NN.

Spontan kommt mir beim Anblick der Waldecke weiter unten auch der fast reife Rapsacker von damals in den Sinn. Hier erlegte ich neben dem sehr alten Bock eines morgens auf den letzten Drücker - im wahrsten Sinne des Wortes - einen Überläufer, der nichts Besseres zu tun hatte, als mit einem guten Schuss in dieses Dickicht zu verschwinden. Manfred kam mit seinem Kurzhaar und ich wies ihn von dem Sitz aus ein. Lange Zeit geschah nichts, nur Halme bewegen sich. Dann sein erlösender Ruf: „Schweiß!" und dann etwas später: „Sau tot!" 65 kg durch mannshohen Raps ziehen gab schon mal ein durchgeschwitztes Hemd...

Im Dörfchen selber besuchte ich das Haus, in dem wir damals kampierten. Den kleinen Vorgarten ziert ein aus Sandstein kunstvoll gehauener Keiler, den die „Rhönjäger" seinerzeit Adolf zum 75. Geburtstag schenkten. Ich klingelte an der Haustüre und nach dem Öffnen stellte ich mich vor. Der Hausherr verneinte meine Frage, diesen Keiler erwerben zu dürften. Eine Einladung zu einer Tasse Kaffee folgte, musste aber erst mal verschoben werden. Allerdings wurden die Handynummern ausgetauscht. Ein älteres Ehepaar in der Nachbarschaft reinigte gemeinsam die Straße vor ihrem Anwesen. Auf meine spaßig gemeinte Frage nach dem Grund des Fegens kam der Hinweis, für Allerheiligen sollte alles in Ordnung sein. Sie erkannten mich noch und schöne Erinnerungen kamen hoch, vergangene Begebenheiten wurden ins Gedächtnis gerufen. Natürlich waren Anneliese und Gustav das Hauptgesprächsthema. Sichtlich berührt verabschiedeten wir uns nach einem längeren und angenehmen Dialog.

Mich zog es danach an die „berühmte" Waldecke, an

der ich meinen Lebenskeiler damals pardonierte. Schnell sammelte ich dort noch ein paar gefallene Eicheln, die nun erst mal in unserem Garten keimen sollen. Auch führte mich mein Weg noch die wenigen Meter rückwärts zur ehemaligen Grenze, die an dieser Stelle nur noch zu ahnen ist. Die schwarz-rot-goldenen Grenzsteine sind verschwunden. Die Flurbereinigung hatte auch hier in dieser Gemarkung Einzug gehalten. In diesem Zuge sind viele Lesesteinhecken planiert und bis auf wenige zum Teil auch entbuscht. ... Schade eigentlich...! Die Thüringer Rostbratwurst oben am schwarzen Moor schmeckte aber immer noch vorzüglich!

8. Dickere Keiler und Frieda

Im Laufe meiner Jägerjahre habe ich sehr viele Sauen erlegen können; geschätztermaßen sind es bis dato locker um die 400 Stück. Allerdings erlegt ohne Nachtsichttechnik und kann mit Stolz behaupten, bis Dezember 2017 keine Sau über 75 Kilogramm auf die Schwarte gelegt zu haben. Das hing weniger an meinen jagdlichen Fähigkeiten, sondern an der Tatsache, dass die jungen Schweine erstens besser schmecken und zweitens ich einen gewissen Wahlabschuss als gewissenhafter Kirrjäger tätigen konnte, um die Sozialstrukturen in der Rotte nicht mehr als nötig zu beeinflussen.

Onkel Wilhelm

Beginnen möchte ich mit einem nicht ganz so dicken Wutzchen, Onkel Wilhelm genannt. Den Namen bekam die Sau aber erst nach der Erlegung und die Taufe hatte einen süffisanten Grund, den ich hier nicht weiter vertiefen möchte.

Es war ein knappes Jahr nach dem heftigen Orkan Wiebke, viele Bäume lagen noch kreuz und quer im Wald. Lediglich die Hauptwege waren der Holzabfuhr wegen notdürftig geräumt. Wir hatten keinen Schnee mehr, aber die nasse Januarkälte ließ sich nur im Ansitzsack ertragen. Am Schlängelweg erstellte ich damals eine der ersten Kanzeln meiner speziellen Bauart, Typ „Friedel", nachdem ich dort seit einigen Jahren endlich wieder mal Sauen gefährtet und auch zwei vom Sitzstock aus erlegen konnte. Der Kanzelaufbau war wandweise vorgefertigt, mit geschlossenem Rückenteil, halb geschlossenen Seitenteilen, normale Brüstungshöhe und nach vorne 180 Grad pfostenfreies Sichtfeld, also offen, aber selbstverständlich überdacht. Dies hat den großen Vorteil, nur die Augen bewegen zu müssen, und Zugluft ist kaum zu spüren. Das Wild im Rücken wird wahrscheinlich auch nach vorne kommen. Wenn nicht, dann ist es auch gut und kommt ein anderes Mal! Diese Kanzel mit der sagenhaften Bodenhöhe von 1,10 Meter stand an einem sanften Südhang mit dem Rücken nach Norden, wodurch ich sie lediglich bei Wind aus dieser Richtung meiden musste. An fast 300 Tagen im Jahr stand sie dort am Schlängelweg aber optimal und war über einen stets gepflegten Pirschweg bestens zu erreichen. Im Blick südwärts war ein ungefähr 200 Meter langer Waldweg, kaum befahren und mit Wasserlöchern bestückt, die ich auch besonders pflegte. So entstand in einiger Entfernung eine Suhle, die auch tagsüber der Ruhe wegen gern angenommen wurde. Zwischen ihr und meinem Kanzelchen befanden sich natürlich auch einige flache Kirrkästchen, welche meistens mit Mais bestückt waren.

Abweichend vom Thema ist noch erwähnenswert, dass mein Lieblingskanzelchen auch mit einer klappbaren, pultförmigen Schreibtischplatte bestückt war. Hier machte ich viele Unterrichtsvorbereitungen. So auch meine Lehrprobe zur Verbeamtung auf Lebenszeit an einem Samstagnachmittag, an dem ich zu Hause keine Ruhe fand. Karierter Block, Bleistift, etwas Trinkbares, Fernglas und Bockbüchsflinte waren das Handwerkszeug. Der Text lief mir geradezu aus dem Stift, Sonne schien, Hemdsärmeltemperatur, alles bestens! Ein kurzes Aufwerfen meinerseits vom Schreibkram nach einem deutlichen Knacken in der Nähe ... nanu, Sau auf dem Weg, alleine und mit Pinsel! - Bautz! - und schnell noch ein paar Gedanken zu Ende schreiben. Dann zum 40-Kilo-Überläufer, ihn einpacken und nach Hause zur roten Arbeit! Das ist Jagen vom Feinsten. Zuhause... ganz klar ... Geschimpfe, sinngemäß, du wolltest dich doch auf die Prüfung vorbereiten, Sch... Jagd! Die Lehrprobe wurde eine Eins!

Zurück zu Onkel Wilhelm!

Ich sitze im frühen Mond, sehr gutes Büchsenlicht, angenehme Ruhe im reifen, kahlen Stangenholz zu beiden Seiten des Schlängelweges. Ich hatte viel Zeit. Dann später, wie von Geisterhand, weit vorne über die Suhle hinaus, sehe ich eine einzelne, mittelstarke Sau. Sie steht breit zu mir auf dem Weg und prüft mit hohem Wurf den Wind. Ich denke und wünsche insgeheim: Komm doch ein bisschen näher! ...Was tut sie? ... Sie kommt tatsächlich in meine Richtung und nimmt die Suhle an! Während ihres ausgiebigen Schlammbades denke ich wieder: Lass es gut sein und komm jetzt raus. Sie hört auf mich. Dann weiter mit einem innerlichen Grinsen: Du bist zu schmutzig. Wunschgemäß schrubbt sie sich gemächlich an einem Malbaum und kommt im mondhellen Stangenholz langsam in meine Richtung. Spitz von vorne ist es kein guter Schuss! Also weitere gedankliche Kommandos mit dem Absehen auf der Sau, als sie mit dem Wurf in Richtung „Lange Buchen", also bergan, zeigte. Nicht dahinauf, komm hier her! Das funktionierte ebenfalls. Sie wendet und kommt immer näher. So ist es gut! ....jetzt quer über den Weg! Sie tat es!

… Und dies war das Letzte, was sie in ihrem Schweineleben tun konnte! Überläuferkeiler, 68 Kilogramm und kein Rauschgeruch sind nicht zu verachten!

Einige Zeit später erlegte ich an gleicher Stelle drei Sauen in einer Woche, derweil ich vorübergehend dienstuntauglich war und die linke Hand einer Verletzung wegen nur mit einem dicken Fausthandschuh über dem Verband einsetzen konnte. Das Führen der Blaser ging zwar recht gut, aber Transport und Aufbrechen der Schweinchen erledigte dankenswerter Weise mein Kumpel Winni!

Juni 1990

In Brüchs, ein Minidörfchen in der bayrischen Hochrhön nahe Fladungen, hatte Adolf ein Revier der Sauen wegen gepachtet. Es lag direkt an der, noch nicht lange wiedereröffneten, innerdeutschen Grenze zu Thüringen. Hier gab es für mich viel Arbeit in Sachen Reviereinrichtungen. Meistens, wenn es Zeit und Dienst erlaubten, gab es ein verlängertes Mondwochenende in dem rauen Mittelgebirge. Bei meinem ersten Besuch dort war auch Onkel Karl mit von der Partie. Nach einigen Inspektionsansitzen und gutem Anblick mit traumhaften Rehböcken kam der Sonntagabend. Mit beginnender Dunkelheit war die Heim reise geplant. Onkel Karl saß an einem Schadensacker etwa 400 Meter von mir entfernt. Ich hatte meinen Platz fast am, mittlerweile wieder lückenhaft gewordenen, schwarz-rot-goldenen Grenzzaun. 80 Meter hinter mir das gültige Jagdrecht der DDR mit Jagdzeit für dicke Sauen ab dem 1.Juni zu diesem Zeitpunkt. Hier bei uns in der BRD genossen sie noch Schonzeit bis zum 15.Juni.

Neben mir hatte der Waldrand einen kleinen Versprung in eine relativ kleine Wiese, an welche sich die Äcker anschlossen. Gedankenverloren glaubte ich ein einmaliges Knacken von schwerem Wild vernommen zu haben. Lange war nichts mehr zu hören, nur die Taschenlampe von Onkelchen blinkte jetzt in die fortgeschrittene Dämmerung zum Zeichen des Abbaumens und Aufbruchs in Richtung Heimat. Ich blinkte „Verstanden", verließ leise die Kanzel und pirschte vorsichtig um die Waldecke in Richtung Auto. Das Blut in meinen Adern stockte - vor mir ein riesiger Keiler auf Schrotschussentfernung, - pritschebreit. Im Zielfernrohr blitzte sein enormes Gewaff. Insgesamt hatte ich den Eindruck, einen spanischen Kampfstier, nur etwas kleiner, vor mir zu haben. 150 Kilogramm aufgebrochen waren das mit Sicherheit. Ich werde das Weiße in seinen Lichtern, das leuchtende Gewaff und den gesamten Anblick nie vergessen, aber auch nicht, wie ich schweren Herzens und mit einem tiefen Seufzer die Waffe sinken ließ.- Schonzeit!!
Mein Lebenskeiler verschwand im nahen Weizenfeld auf Nimmerwiedersehen.

Mensch, du Depp, du hättest schießen sollen, den Gulasch hätten wir gut gebrauchen können, so die Einwände und auch Vorwürfe einiger Mitjäger. Mein loyales Verhalten und der Verzicht auf diese kapitale Keilertrophäe in der beschriebenen Situation brachten mir jagdliche Anerkennung und in den Folgejahren vielfaches Waidmannsheil!

Weihnachten mal anders!

Wir hatten erheblichen Sauschaden und in den vergangenen Wochen weiter nichts als Regen und Nebel. Lediglich eine „Riesensau" von sage und schreibe neun! Kilo kam von mir zur Strecke, was allerdings den Wildschaden etwas minimierte, indem die Bache nach dem Verlust dieses Frosches Wiesen und Äcker vorläufig mied. Viele ergebnislose Ansitze ergossen sich in maßlosem Frust.

Am 20. Dezember wurden die Pferde am „Spieß", ein relativ großes, sanft hügeliges Wiesen-, Hecken- und Streuobstterrain, umgetrieben. Die Junghengste, 15 bis 20 Stück, überwiegend Haflinger, standen dort meistens von Juli bis in den Dezember. Endlich konnte ich nun die gesamte Schadensfläche bejagen, ohne das Risiko eines Querschlägers oder Geschosssplitters in einem Pferdebauch. Es gab voraussichtlich gutes Mondlicht und ich wollte einen Drückjagdbock an die Bruchkante zum Spießgraben nahe der Kreisstraße stellen und ihn des Wildschadens wegen auch gleich abends besetzen. Es kommt aber meistens anders als geplant.

Der Hochsitz lag auf meinem Anhänger, eine vielfach bewährte Methode, um so etwas alleine zu bewerkstelligen. Aber der Teufel ist ein Eichhörnchen. Diesmal kam ich auf der abschüssigen Wiese nicht direkt zum angedachten Platz für meinen bequemen „Fürstensitz". Es fehlten nur wenige Meter, die aber in „Handarbeit" zu bewältigen waren. Zu nass und aufgeweicht war der Boden, seifig halt, vom Dauerregen der letzten Tage! Also Abladen, Aufstellen des Sitzes und ein Versuch des Rausfahrens: Pustekuchen... ging nicht! Anhänger abhängen und neuerlicher Versuch: Ebenfalls ein Fehlschlag! Ich rutschte querab immer tiefer in den Schlamassel und in die Nähe des Stacheldrahtes zur steilen Hangkante hin. Es half alles nichts, ein Hilferuf zu Hartmut, unser Waldarbeiter der Gemeinde mit eigenem Rücketraktor und auch Sohn meiner Cousine, der mich natürlich ... seeehhhhhrrr ! ... bedauerte, als er vor Ort war.

Das Schleppen verlief dann sehr gut, hatten wir doch die nötige Ruhe und Abgeklärtheit in solchen Fällen. (es war ja nicht das erste Mal!) Der Subaru stand nun auf befestigtem Waldweg und wir gönnten uns ein Restchen guten Obstdestillates, welches ich stets im

Auto parat habe, präventiv, versteht sich, man könnte ja Kopfschmerzen, Fußpilz, Wespenstich, Magendrücken, o.ä. bekommen. Hartmut fuhr von dannen (ihm hatte die Aktion eine Rehkeule eingebracht) und ich zum Seiler. Hier ließ ich mir für die unterschiedlichsten Einsätze im Revier ein sehr langes Schleppseil herstellen und mit Hilfe meines Schwiegersohnes und einer Umlenkrolle konnte dann auch noch damit bei einbrechender Dunkelheit der Anhänger über die Wiese geborgen werden. Für heute hatte ich eigentlich die Schnauze voll von Sauen und schob mich auf dem Sofa ein!

In der angebrochenen Nacht ließ mir aber Diana wieder mal keine Ruhe und beorderte mich gegen 23.00 Uhr auf besagten Drückjagdbock. Dort angekommen, kräuselte der Wind, und ich entschloss mich zum Stellungswechsel. Dieses mache ich aber nur ungern, denn meistens kommt nichts Gutes dabei heraus, so meine langjährige Erfahrung. Vielleicht ist es ja heute anders...!? Die auserkorene Kanzel stand runde 250 Meter weiter. Von ihr aus konnte ich nun das Lohfeld mit Bassgeige und den Apfelbäumen gut einsehen. Der knappe Vollmond stand hoch und man konnte eigentlich „Zeitung lesen", so hell war es. Erfahrene Jäger sagen in solchen Fällen: Es kommen keine Sauen, denen ist es zu hell!

Aber jetzt bin ich trotz aller Vorbehalte hier, Fuchs geht immer. Friedel, setze dich hin und harre der Dinge, die da kommen sollen. Gerade oben eingerichtet, Waffe in der Ecke angelehnt, Glas zum Orientierungsblick an die Augen, kleiner Schwenk nach rechts, … Sau! … Himmelherrgott, und was für eine! … oder ist es ein Pony? Nein, doch Sau! … 130 Kilogramm mindestens, alleine … steht im Gebräch! … Der Griff zur Waffe ist automatisierte Handlung! … Friedel, du hast Zeit! … Nein, jetzt dreht sie sich spitz zum Wald hin …und zur Grenze! … Entfernung 110 Meter … sie steht wieder breit … bautz! … Sau liegt und klagt ganz kurz mit einem Quiekser. Schnell neue Patrone in die Bbfl. und … wo ist die Wutz? … weg!! … Ihr nur kurzes Klagen lässt mich ungläubig und zweifelnd auf einen Nierenschuss mit tödlichem Ausgang nach kurzer Flucht hoffen! Der Wunsch war der Vater des Gedankens, oder, die Hoffnung stirbt zuletzt. Ich gehe in die Nähe des Anschusses und finde ….. nichts!

Also Nachsuche mit unserer großen Ardennenbracke am nächsten Morgen. Alf liegt gleich heftig im Riemen und verweist ein Tröpfchen dunklen Schweiß. Die Fährte steht in die Paradieshecke. Am Rand, direkt vor seiner Nase, werden zwei Rehe hoch. Jetzt konnte ich aufgrund dieser frischen Verleitungen und bei diesem Jungspund nur noch die Nachsuche abbrechen und einen Profi holen.

Dieser anerkannte Nachsuchenführer war Michael mit seinem HS „Carlos". Michael hatte schon die eine oder andere Nachsuche mit bestem Erfolg in unseren Revieren absolviert, und so war ich auch diesmal voller Hoffnung. Carlos ging ruhig vom Anschuss weg und rein in die Paradieshecke. Diese grenzt im

Südosten an den Wald der Nachbarjagd und ist bürstendicht, geschätzte 220 Meter lang und im Mittel 60 Meter breit. Schwarzdorn wechselt sich mit Brennnesseln und Brombeeren ab, dazwischen gibt es Himbeeren und vieles mehr, was den Füßen Einhalt gebietet. Das Ganze ist abschüssig, meistens steil wie ein Dach, dazu noch der aufgeweichte Boden, viele Sauentunnel und massig Rehwild; kurz und ironisch: ideale Bedingungen für eine Nachsuche!

Der HS hat eine Sauenschutzweste an, die ihn aber in diesem schwierigen Gelände eher stört. Michael hat den Schweißriemen kurz und der Hund sucht mit einer stoischen Ruhe unmittelbar vor ihm. Zwei Stunden verrinnen, ich hatte umschlagen, stehe unten am Wieschen und kann den Suchenverlauf weniger auf Sicht sondern nur den Geräuschen und dem Gewackel der Äste nach verfolgen. Widergang auf Widergang, mal oben, mal unten, nur durch kurze Ruhepausen des Nachsuchengespanns unterbrochen. Die nasse Kälte kriecht mir durch die Gummistiefel die Beine hoch und schüttelt mich. Erkältung ist vorprogrammiert!

Plötzlich ein Krachen ... Ruf: Achtung Sau! ... Wow - und was für eine! ... Schuss! ... Ruhe! Dann das berühmte Berlichinger Zitat, laut und deutlich! Michael schoss am Hang sitzend nach rechts aus der Drehung, schlug aber beim Abdrücken mit dem Lauf an ein Stämmchen an ... Luftloch! Die Sau bleibt aber in der sicheren Deckung! Wir kommen überein, die Wutz ruhen zu lassen, zumal Michael ganz oben über der Wirbelsäule zwischen den Federn eine Wunde gesehen hat, als sich der Keiler dicht neben ihm aus der Deckung drückte. Die Kälte am Leib ist verflogen! Jagd aus für heute!

Wir verabreden uns auf den nächsten Morgen mit dem Datum 24. Dezember! Eine handvoll Jagdfreunde sind selbst an diesem Tag zum Abstellen bereit und mit mir vor Ort. Beim Schildern der Lage habe ich einen Kloß im Hals, den ich nur schwer verbergen kann, ist es doch Heiligabend!

In der Nacht hatte die Wutz die Deckung kurz ins Nachbarrevier verlassen, um sich dann wieder an etwa gleicher Stelle einzuschieben. So zeigte es uns Carlos eindeutig. Das Drama begann aufs Neue und lief ähnlich ab wie am Vortag. Stunden vergeblichen Wartens verrinnen. Sau mal oben, dann wieder unten im langsamen, leisen Wechsel. Dieser Keiler kannte sich aus!

Um 12.00 Uhr mittags brechen wir dann einvernehmlich und schweren Herzens ab, zumal wir bei dieser gewieften Sau eine Terriermeute gebraucht hätten. In diesem Fall wäre es mit Sicherheit zu erheblichen Verlusten bei den kleinen, scharfen Jagdgehilfen gekommen, zumal die Hilfe der Führer nicht schnell genug an der Bail vor Ort hätte sein können.

Es folgte eine Heimfahrt in gedrückter Stimmung, die sich auch bei den Festlichkeiten und „Tochter Zion" zum Heiligen Abend nicht verflüchtigte. Nach unruhiger Nacht traf dann am ersten Feiertag die Verwandtschaft zum alljährlichem Weihnachtsschmaus ein. Gott sei Dank fanden wir (meine Frau hatte die gesamte Vorbereitung alleine geschultert) nach dem Kaffeetrinken, als alle wieder gegangen waren, einen Augenblick der Ruhe. Jagen an Weihnachten macht ein richtig schlechtes Gewissen, zumal in diesem Fall noch viele andere Personen in Mitleidenschaft gezogen wurden, von der kranken Sau mal ganz zu schweigen!

Ich weiß nicht mehr, ob es Artemis oder Diana war, jedenfalls beorderte mich eine der beiden launischen Damen um 23.15 Uhr wieder in die Jagdklamotten inklusive warmer Neoprenstiefeln. Irgendwie spürte ich, dringend raus zu müssen; Intuitivjäger! Steinzeitinstinkte oder der versteckte Neandertaler lassen grüßen. Entgegen meiner ersten Eingebung mit Ziel Paradieshecke, befuhr ich zuerst die Kreisstraße. Von hier aus hatte ich dank Vollmond guten Einblick in den Hang unterhalb des Anschusses bis hin zur Straße. Wen sah ich durch das Glas deutlich in den Apfelbäumen am Fallobst? Meine Riesensau augenscheinlich gesund im Gebräch.

„Angehen!" befiehlt das Jägerteufelchen in mir! Der Wind stand hervorragend, das Auto gleich im einmündenden Feldweg neben der Straße geparkt, Waffe laden und los durch den Matsch! Jeden Grasbüschel ausnutzend, jedes Geräusch tunlichst vermeidend, pirschte ich mich langsam und unter vielem Abglasen in die Nähe der Bäume. Die Sau war weg! Dammich…! verfluchte Kiste! Naja, wenigstens gesehen und dem Vernehmen nach relativ gesund! Ein Irrtum war eigentlich ausgeschlossen, denn es ist ziemlich unwahrscheinlich, dass gleich zwei solch grober Sauen auf wenigen Hektar im Feldrevier in der laufenden Rausche zusammenstehen und Äpfel schmatzen. Die hätten Wichtigeres zu tun, außerdem war diese Annahme doch auch etwas Balsam für meine geschundene Seele!

Was fange ich mit der angebrochenen Nacht bei Mondschein an? Natürlich, wie geplant noch etwas ansitzen! Während der Standortüberlegung bekomme ich plötzlich intensive Sauwitterung in die Nase. Vorne am Weidezauntor, Entfernung ungefähr 100 Meter, kommen sechs mittelstarke Sauen aus dem Spießgraben und trollen verhalten ebenfalls in Richtung der Apfelbäume. Jetzt wurde mir klar, warum mein Keiler nicht mehr vor Ort war. Die Minne ruft! Erst mal ist nicht an Schießen zu denken, zu dicht ist der Pulk. Ineinander geschoben und vertraut ziehen die Sauen den Berg rauf, mittlerweile aber verdeckt durch den hohen Feldrain zur Linken. Verdammt und zugenäht! Also leise weiter in Richtung Zauntor, - es war ja auch die einzige Möglichkeit außer dem Sofa zuhause! Als ich um die Grabenböschung lugen konnte, stehen die Sechs seelenruhig auf der Wiese und tun sich an den Äpfeln gütlich! Der Keiler ist vergessen, wenigstens für diesen Moment... Zitat: „Der Spatz in der Hand …!" Friedel, bleib ruhig … nicht den Stuss vom letzten Mal bauen, … rechtes Knie in den Matsch, …setz dich auf die Wade, stütze den Ellbogen aufs Linke, ... Spannschieber nach vorne, ... sauge ein Wutzchen ins Zielfernrohr, gedimmter Leuchtpunkt Hochblatt,... passt, ... Bautz! Sau liegt im Knall, kein Schlegeln, ... Bleib drauf! ... Waidmannsheil! ... erleichtertes, tiefes und langes Ausatmen! ... Minuten später stehe ich verdreckt aber glücklich an meiner Weihnachtssau! Überläuferbache, gut genährt, schätze annähernd 60 Kilogramm aufgebrochen, aber mindestens 80 Kilogramm tote Masse.

Was heißt das? Der Erdweg ist bei dieser Nässe nicht befahrbar, also ans Auto patschen, Utensilien und Wintermantel verstauen, Haken holen und die 350 Meter erneut zur Wutz und dann mit Wutz wieder ans Auto! - zehn Meter ziehen, ausrutschen, in den Matsch fallen, Pause, ziehen, Pause, „von der Stirne heiß, rinnen muss der Schweiß". - Endlich liegt das Schweinchen im Transportkörbchen auf der Anhängerkupplung. Ich hatte keinen trockenen Faden mehr am Oberkörper, hatte ich mich doch auf ein paar Stunden Ansitz in lausiger Winternacht eingerichtet und entsprechende Unterklamotten im Zwiebelprinzip angelegt!

Während der Heimfahrt beschlagen alle Autoscheiben. Zuhause wasche ich die Sau erst vor der Wildkammer ehe ich sie darin aufbreche. Nach der roten Arbeit bin ich mit Duschen dran. Danach, es ist mittlerweile 4.15 Uhr, genehmige ich mir bei Krippe und Weihnachtsbaum in aller Seelenruhe einen trockenen Merlot aus der Pfalz und wache gegen 8.30 Uhr auf dem Sofa auf! Irgendwie muss ich geträumt haben...

Oktober 2001

Im Kaulstoßer Revier begannen nach der Ernte die Sauen ungewöhnlich früh im Jahr die Wiesen umzudrehen. Um besser zu Schuss zu kommen - und mein herbstliches Fallobst besser zu nutzen - lockte ich mit den Leseäpfeln auf der Wiese vor der Feuersteinkanzel. Nein, es war nicht gekirrt, rein zufällig hatte da jemand etwas verloren!

Zeitig saß ich schon in der Abendsonne, es hätte ja auch noch ein Böckchen kommen können. So war es dann auch. Mit beginnender Dämmerung betrat ein starker Bock den Plan. Doppelt lauscherhoch, gut geperlt mit langen Vordersprossen prahlte er im Abendrot, ein Anblick, den man so schnell nicht vergisst! Der Kupferrote stand nicht gut, auch zweifelte ich am Alter, sollte ich oder sollte ich nicht? So verging die nächste halbe Stunde. Er nahm mir die Entscheidung ab und zog unruhig mit dem Kopf nickend, gerade so, als würde er sich bedanken, wieder seinem Einstand zu.

Schon lange hatte der Mond die Sonne abgelöst, als plötzlich im nahen Fichtenaltholz halbrechts vor mir Sauen kämpften. Da bekam jemand massig Hiebe, wie unschwer aus den Lauten zu entnehmen war. Nach diesem rauborstigen Konflikt mit handfestem

Meinungsaustausch kehrte wieder Ruhe ein. Überdies verging die Zeit und mittlerweile strahlte die Schweinesonne, dass es eine helle Freude war. Die Sauen hatte ich schon fast wieder vergessen, als ich beim Abglasen des Waldrandes schwarz in schwarz schemenhaft eine Riesensau im Schlagschatten mehr ahnte als sah. Wahrscheinlich drückte sich dort ein dicker Keiler und sicherte. Das Herz klopfte bis in die Haarspitzen! Zu dunkel, komm raus! Völlig regungslos stand er da und observierte lange Zeit, von den dunklen Fichten gedeckt, die mondhelle Wiese zwischen uns. Die Äpfel reizten ihn, das spürte ich. Jetzt sah ich eine kurze Bewegung, der ein schmerzhaftes Aufschreien einer anderen Sau folgte. Unmittelbar darauf kam der Vasall des Dicken zügig zu den Äpfeln. Mindestens 70 Kilogramm hat auch er! - Wie war das mit dem Spatz in der Hand? - Bautz! - Kurze Todesflucht, das war es! Waidmannsheil!

Der Geist

Im Februar des folgenden Jahres stellte ich meinen Pajero an der Jagdhütte ab. Sehr nass und wadentief war der späte Schnee. Klare Sicht wechselte mit dichtem Nebel schwadenartig bei mäßigem Wind und geringen Plusgraden. Ich wollte an den Wildacker hinter den Feuersteinwiesen. In dem Fichtenaltholz stand eine geschlossene Kanzel auf einem ausgedienten Bauernwagen. In ihr wollte ich einige Stunden verbringen. Trotz Dunkelheit erlaubte die Schneedecke ein gutes Ansprechen und den sicheren Schuss auf Fuchs oder Schwarzwild, welche hier gerne dem Wildacker einen Besuch abstatteten.

Zu Fuß durch den Schnee mit Ansitzsack im Rucksack, Waffe und Glas, dazu auch gut und winterfest angezogen, legte ich einen Großteil der doch beschwerlichen Strecke zurück. Durch den Schweiß auf der Stirn und die Hitze im Kopf beschlug mehrmals die Brille, zumal der Dampf, der Hutkrempe wegen, nicht schnell genug entweichen konnte. Dagegen half nur von Zeit zu Zeit stehen bleiben und ein Fächern mit der Kopfbedeckung.

Der Weg führte entlang der Waldkante und wurde im Fichtenaltholz zu einem niedrigen Hohlweg. Diese Böschungskante war etwa hüfthoch über der Wegsohle. Gerade hatte ich gewedelt, die Brille frei und den Hut wieder oben, als ich intuitiv merkte, ich werde beobachtet! Der Gedanke war noch nicht fertig, hatte ich schon die Waffe in den Arm gleiten lassen, bereit aus der Hüfte zu schießen. Die Ursache dieser Reaktion war ein leises Schlurfen im Schnee zu meiner Linken. Auf der Böschungskante, keine drei Meter neben mir, blickte ich im dichten Nebel jäh auf ein mächtiges Keilerhaupt. - Schrecksekunde auf beiden Seiten, dann reglose Stille! - Lautlos wie der sprichwörtliche Geist glitt der Basse zum Greifen nahe an mir vorbei, über den Weg und verschwand nach rechts im Grau des gespenstigen Winterwaldes.

Nach diesem Erlebnis mit der Geistersau setzte ich mich auch nicht mehr an, sondern stapfte wieder zurück in die warme Jagdhütte und wechselte die schweißnassen Klamotten. Ich stellte fest, zu keiner Zeit auch nur den Hauch von Angst mit dem Keiler Auge in Auge verspürt zu haben; es war wahrscheinlich gegenseitiger Respekt! ... und als Ausrede den Anderen gegenüber: Schonzeit!

Am nächsten Morgen schaute ich mir nochmals das Fährtenbild im Hohlweg an. In den Tritt der Sau konnte ich meine ganze Hand hineinlegen!! Ich hatte wirklich nicht geträumt, waren doch meine Fußspuren ebenfalls vor Ort. Das war mit an Sicherheit grenzende Wahrscheinlichkeit der Basse vom Herbst bei der Apfelaktion.

133

Emil 1977

Emil war der erste dickere Keiler, der mir zu Angesicht kam. Dass hundert andere ebenso heißen, weiß ich mittlerweile auch. Auf alle Fälle wussten wir damals, von wem wir redeten. 100 kg brachte er mit Sicherheit auf die Waage.

Zu meinen Aufgaben als angestellter Jagdaufseher in einem Revier in unserer Nähe gehörte auch das regelmäßige Beschicken der Kirrungen. Mit ebensolcher Regelmäßigkeit war auch besagter Emil immer wieder mal Kirrungsgast. Allerdings sollte er nicht von mir, sondern von einem der Jagdgäste erlegt werden, die ich auch zu führen hatte. Es kostete mich aber sehr viel Mühe, Emil davon zu überzeugen, nicht zu den Leckerbissen zu kommen, wenn ihm nach dem Leben getrachtet wurde. Diverse Mittelchen kamen dann gelegentlich zur Anwendung, wenn ich erfuhr, es kommt jemand und will ihm an Gewaff oder

Schwarte. So konnte Emil sich in Ruhe weiterhin, sorgsam von mir behütet, der Arterhaltung widmen.

In diesem Revier fand regelmäßig die Hubertusjagd eines Jagdvereines statt, der einen überwiegend urbanen Charakter hat. Dessen Mitglieder und ihr Outfit erinnerten mich eher an einschlägige Katalogmodels verschiedener Jagdausstatter als an bodenständige Jäger. Als Jagdaufseher hatte ich natürlich die Aufgabe einen Teil der Schützen anzustellen. Dabei kam ich zwangsläufig an den letzten Stand. Dieser war unweit der Emil-Kirrung. Mein Nachbarschütze war unser Revierförster, der von der anderen Seite her angestellt hatte. Kurze Verständigung und ich blies das Treiben an. Hunde wurden laut und Schüsse fielen. Plötzlich Unruhe vor mir in den Buchenrauschern. Heraus kam Emil in voller Lebensgröße. Mit dem Korn auf seinem Wurf lies ich ihn von dannen eilen. Unser Förster schimpfte wie ein Rohrspatz, warum ich nicht geschossen hätte. Er hatte Emil nur noch kurz und spitz von hinten gesehen. Ich hatte alle möglichen Ausreden parat und erzählte ihm Wochen später den tatsächlichen Hergang. Er hatte vollstes Verständnis für mich! Freunde erschießt man nicht! ... Und unvorstellbar, dieser Hader und Unmut der Jagdherrschaft, wenn das kleine Jagdaufseherlein diesen, doch dickeren, fast reifen Keiler vor all den „wichtigen" Jagdgästen erlegt hätte!

1. Advent

Der erste Schnee fiel in unseren Niederungen. Pappschnee war es, und gut knöchelhoch. „Tatort" ist für mich mittlerweile ziemlich öde oder einfach nur uninteressant! Also, was macht ein Rentnerjäger bei Schnee, gutem Licht und bestem Wind? Waffe ins Auto, und ab in Richtung Paradieshecke, unten zum Ansitzwagen am kleinen Wieschen.

Ich kam ziemlich leise dort an und richtete mich behutsam ein. Der Drilling stand zwischen meinen Beinen an die Vorderwand des Sitzes gelehnt. Beim ersten Abglasen der Umgebung hörte ich weit links über mir eine Geiß schrecken, maß ihr aber keine besondere Aufmerksamkeit bei. Dieses grantige Weib macht immer Terror wegen nichts! Nachdem sie sich dann beruhigt hatte, war unendlicher Friede um mich, kein Laut, nichts regte sich!

In Gedanken versunken, vielleicht beim gewesenen Konzert vom Vortag, dem Hornquartett, der Arbeit oder den Enkeln, hörte ich einen einzigen Knack, weit zwar, aber deutlich, gedämpft, nicht laut. Der Schnee schluckt tatsächlich sehr viel...!
Die Zeit verrinnt und ich nehme wieder mal das Glas an die Augen und gleite damit den Heckenrand in Richtung Paradieskanzel hoch. Da schiebt sich ein dunkles, kleines Dreieck am Dornensaum ins Glas. Oh, was ist das? Der Wurf einer Sau? Richtig! Erst mal Fertigmachen, Glas runter, Drilling hoch, Ein-

stellung auf große Kugel überprüfen, Leuchtpunkt an, Herrgott, an was man alles denken muss! Friedel bleib ruhig! Die Entfernung würde gut passen, die 7 x 57 hoffentlich auch! Der Wurf entwickelt sich nach bangen Minuten zum mittelprächtigen Keiler. - Entsichern und Einstechen! - Raus ist er und halbspitz kommt er im kleinen Bogen auf mich zu. Ihm ist es sicherlich zu hell und möchte wieder in die Hecke. Das kann ich ihm nicht gestatten! Der gedimmte Leuchtpunkt steht von vorne zwischen Kopf und linkem Blatt neben dem Stich. Ein kurzes Verhoffen - Mensch, was für ein Keiler! Bilderbuchanblick, große Teller über massigem Haupt, der Wurf voll Schnee! Sagenhaft! In dieses Bild bricht mein Schuss. Der Schnee stiebt und die Wutz verschwindet in einer weißen Wolke Richtung der dichten Brombeeren. Uff...! Ich höre noch ein kurzes gedämpftes Krachen von trockenem Geäst und dann ist Ruhe wie zuvor!

Eine knappe halbe Stunde später hält mich nichts mehr im Ansitzwagen und ich begebe mich zum Ort des Geschehens. Ja, hier steht die Fluchtfährte in die Hecke - kein Schweiß! Eigentlich kein Wunder bei dem Schuss! Ich gehe die Fährte rückwärts aus, alle drei, vier Meter fährt zwar der Wurf der Sau in den Schnee, aber auch am Anschuss ist im Schein der kleinen Taschenlampe nichts konkretes auszumachen! Kein Schweiß! Keine Schnittborsten! Einziges Pirschzeichen sind die massiven Eingriffe - wie mit einem Kinderspaten ausgehoben! - Dann fällt mein Blick im funzeligen Licht auf die Fährte hinter dem Anschuss - „Jesses, woas fier e Sau!"

Eine Nachsuche jetzt und bei diesem Schwein in dieser Hecke - unmöglich und nicht zu verantworten! Ich muss das Tageslicht abwarten, bin mir aber ungewöhnlich sicher über den Sitz der Kugel. Mein „Hans" hat mich noch nie enttäuscht ...! Dies ist der Name eines alten und vor Jahren verstorbenen Jagdkollegen, dessen Drilling ich von ihm erworben habe! ... er meinte, „dass er in gute Hände kommt!"

Zuhause an der Wildkammer erreicht mich die freudige Nachricht, dass Christoph ebenfalls mit einer Sau auf dem Heimweg vom Nussbaum ist! Aufbrechen, Tottrinken, dies sind feste Rituale bei uns! Seine Sau hatte 46 Kilogramm! Aber irgendwie gedanklich verschwand Christophs Zweite etwas hinter der Meinen...!?

Angemerkt sei an dieser Stelle: Tottrinken hat nichts mit Saufen zu tun. Man sitzt nach getaner roter Arbeit noch ein Weilchen zusammen und lässt das Erlebte nochmals bei einem herzhaften Schlückchen vorüberziehen; wir lernen voneinander. Auch brennt dann bei uns auf dem Tisch immer eine bestimmte Kerze auf einem besonderen Hirschhornständer, der meistens mit einem Bruch unterlegt ist. Die Herkunft dieser „heiligen" Kerze bleibt aber unser kleines Geheimnis...!

So gehe ich am nächsten Morgen zuversichtlich erst mal ohne Waffe, nur mit Handsäge, Hepe, großer

Astschere und Schlepphaken bewaffnet, an die Stelle, an der mein „Keilerchen" verschwand. Dort trete ich auf der Suche nach Pirschzeichen die schneeverhangenen Brennnesseln und Dornen etwas zur Seite, mache einen langen Hals, und gewahre meine Sau mausetot auf einem Haufen Reisig, keine drei Meter vom Rand. Dies hätte ich am Vorabend auch gesehen, wenn … denn … die Taschenlampe besser gewesen wäre! Man muss halt sparen! Außerdem war sie wohl auch vom Rieselschnee der Brombeeren und Brennnesseln bestens getarnt! Ich brauchte jetzt lediglich ein dickeres Stämmchen vor dem Keiler durchzuschneiden, um den Schlepphaken am Wurf anzubringen. Bei dieser Tätigkeit ertappte ich mich, als ich angesichts der Waffen leise durch die Zähne pfiff! Es bedurfte dann nur eines kleinen Rucks am Haken und im Schnee glitt Wutzi fast alleine aus den Dornen.

Andächtig, dankbar und bewundernd stand ich neben meiner, bis dato stärksten Sau!

August wurde des Transportes wegen alarmiert, und Rolf schloss sich selbstverständlich an. Am Grenzgraben ließen wir die Autos stehen und ich zeigte auf ein großes, schwarzes Etwas am entfernten Heckenrand! „Ach, du meine Güte, was für ein Trumm!", klappten die Unterkiefer der Jagdkollegen herunter.

Das Schleppen über den Schnee ging anschließend auch gut vonstatten und mit vereinten Kräften gelangte der mächtige Schwarzkittel in meinen Wildträger der Marke Eigenbau. Der Autoanhänger wäre zum Transportieren sinnvoller gewesen, denn die hinteren Stoßdämpfer des Foresters litten augenscheinlich beträchtlich!

Zuhause wurde im Schragen des Rotwildes aufgebrochen. Natürlich passte der Keiler auch nicht in den Kühlschrank und musste demzufolge in der Remise auskühlen. Kalt genug ist es ja im Winter! Erwähnenswert ist auch, dass ich ihm 14 Kilo Weiß aus dem Bauchraum, der besseren Auskühlung wegen, entfernte. Danach zeigte die Waage 122 Kilogramm an, geschätztes Alter fünf bis sechs Jahre. Sauberst aufgebrochen und ebenso zerwirkt schmeckte man den Keiler nicht, so die Kochprobe.

Die betagte Chefin war zuerst gar nicht so erfreut über diese seltene Jagdbeute, brauchte sie doch mindestens sechs Wildschweinkeulen als Weihnachtsgeschenke. Da aber eine Keule dieses Schweinchens allein und schon abgeschwartet 10 Kilo wog, und ich ihr 16 Pakete als Geschenke einschweißte, war die Welt für sie bald wieder in Ordnung. Auch diverse

Würste und Fleischkäse von der Wutz wurden in ihre Gefriertruhe eingelagert. Seine weniger schöne, narbenbedeckte, schwarze Schwarte löste die von Onkel Wilhelm zuhause bei uns an der Treppenhauswand ab.

Deckung

Dummes Schwein! Weit gefehlt! Ich sitze am Ortwein-Teich auf einer offenen Kanzel bei bestem Wind. Altweibersommer, die Grummeternte war im vollen Gange. Über den extensiv genutzten Wiesen lag ein herrlicher Duft. Nächtens kamen die Sauen aus dem Hillersch und wechselten hoch auf die Felder. Dabei kam die eine oder andere auch sauber zur Strecke. So sollte es auch heute werden. Gutes Büchsenlicht auf den gemähten Wiesen, fast Vollmond. Eigentlich optimale Bedingungen, die Gefriertruhe langsam auf Weihnachten einzustimmen.

Tatsächlich bemerke ich nach geraumer Zeit auf dem Kanzelchen aus den Augenwinkeln zwischen den Rundballen eine Bewegung. Der Blick und Schuss nach rechts ist jetzt unbequem, denn der Sitz war zum Hinterland ausgerichtet. Ich muss mich schräg auf die Bank quälen, das Glas an den Augen. Das rechte Bein liegt angewinkelt neben mir und beginnt mit unangenehmen Kribbeln einzuschlafen. Jetzt wieder ein Husch ... dann wieder Ruhe! War der riesige Schatten eine Sau? Hinter einem der Heuballen lugt vorsichtig ein Wurf hervor. Der will in die falsche Richtung! Meine Stellung wird noch unbequemer. Trotzdem bringe ich die Waffe in den Anschlag. Während des Suchens saust der Schatten zum nächsten Ballen, wieder in Deckung. An Schießen ist nicht zu denken. Verhofft er, oder ist er nach unten weg? Bange Minuten! Nichts tut sich, auch nicht in der nächsten halben Stunde. Er ist weg! Die Gesamtsituation erinnert mich selbstmitleidig grinsend wieder an eine Karikatur von Heinz Geilfuß, auf der ein Wutzchen hinter einem Garbenhaufen hervorlugt und das Jägerlein das Nachsehen hat!

Winter im Vogelsgebirge, die Erderwärmung bescherte uns wieder einmal nur Nebel und bescheidene Sicht. Der millionste Ansitz verstrich erfolglos. Mit halb erfrorenen Füßen, die mühsam Gas und Bremse bei knapper Schneelage koordinieren konnten, trat ich nächtens die Heimfahrt an. In einer Linkskehre bergab gewahrte ich im Scheinwerferkegel beim Schwenk eine einzelne Sau an einer quellnassen Stelle unweit des Weges. Die Kälte war weg; Adrenalin pur, Ruhe und Nerven bewahren! Friedel, du brauchst dringend eine Sau! Jetzt nur keinen Fehler machen.

Ich ließ den Forester noch ein Stück weit ausrollen, öffnete leise die Türe und entnahm aus dem Waffenfilz hinter den Vordersitzen die treue Blaser Bbfl. Laden und Pirschen war automatisierte Handlung. Wo ist sie? Hat sie das ausgehalten? Tatsächlich einige Schritte neben der Quelle sicherte sie auf einem Schneefleck in meine Richtung. Nur die Ruhe! Auch recht stark ist sie! Jetzt wendet sie sich ab und rückt unschlüssig mit gestelltem Pürzel wenige Gänge nach links und steht wieder spitz sichernd zu mir. Kniend hebe ich mich nicht von dem Hintergrund ab. Im Zielfernrohr erscheint sie mir ziemlich hoch, aber schmal wie ein Handtuch.

Einen Ausfall des Schweines erwartend, lasse ich halbspitz von vorne endlich fliegen. Die Kugel sitzt im Leben. Sie liegt im Knall.
Am Stück angekommen, pfeife ich wieder mal leise durch die Zähne. Vor mir liegt ein Keiler auf der Breitseite von geschätzten 90 Kilogramm aufgebrochen! Der kurze Blick auf das Gewaff sagt etwa vier Jahre! Nicht mehr zu ändern! Er kriegt den letzten Bissen und wird nach kurzem Innehalten ins Körbchen bugsiert.- Irgendwie ging das alles aber sehr leicht! Egal, auf nach Hause an die rote Arbeit.

In der Wildkammer bei guter Beleuchtung kam Klarheit in die Sache. Irgendwie hatte der Knilch einen Unfall oder ähnliches. Der rechte Haderer fehlte gänzlich, dadurch konnte er den Hauer nicht abwetzen und dieser wucherte in die Oberlippe. Eine vernünftige Mastaufnahme war ihm nur unter Schmerzen möglich. Dadurch magerte er stark ab und kümmerte, so meine Vermutung. Er brachte gerade mal 57 Kilo auf die Waage. Ich konnte mich über diesen Hegeabschuss im Nachhinein aber richtig freuen!

Frieda

Familienfeier, Samstag Abend, Ende April! Gegrilltes und der traditionelle Kartoffelsalat waren in Ruhe verspeist, das Verdauungsschnäpschen einverleibt und ein zweites Bier eingeschenkt. In diese illustre Geburtstagsrunde meldete sich mein Handy. Schnell verließ ich den Raum. Böse Blicke der Störung wegen verfolgten mich. Vor der Türe erlöste ich den Störer und meldete mich. Es war meine Tochter, die mit Christoph auf dem Weg ins Revier war. „Hier auf der Straße, besser noch, im Graben, irrt ein ganz klei-

ner Frischling herum. Was machen wir mit ihm?"
„Erst mal mitbringen!" so meine Antwort. Mit knappen Worten klärte ich drinnen die ungläubige Geburtstagsgesellschaft über die neue Situation im Hause „Mathese" (unser Dorfname) auf. Um alles Weitere zu organisieren, verließ ich erst mal die Feier. Jahrzehntelang spielte sich dieses Szenario in meinem Kopf ab: „Was wird, wenn ..?" Jetzt war es ernst geworden und guter Rat teuer. Gedanken sortieren, war die Devise.

Zuerst startete ich einen Anruf zum Tierarzt, denn Futter, bzw. Milch für den Neuankömmling hatte oberste Priorität. Zu Anfang mal leicht verdünnte Kondensmilch, so der gutgemeinte Rat des Veterinärs, der Samstagsdienst hatte, verbunden mit dem Hinweis auf das Verbot der Inbesitznahme von Wildtieren. „Geht schon in Ordnung, schließlich sind wir drei Jäger im Haus!"

Mittlerweile hatte unser neuer Hausgenosse im längsgestreiften Schlafanzug in der Küche unsrer Tochter Einzug gehalten. Er saß eingemummelt in einer großen Kunststoffkiste und hatte aus dem Flaschenarsenal der Enkelin schon etwas Kondensmilch gekostet. Ferkel (und generell Mensch und Tier) brauchen Nestwärme. Ich kramte aus dem Werkstattregal Ottis Rotlicht von damals hervor. Diese Lampe wurde vor über zwanzig Jahren das letzte Mal benutzt! Gehäuse und Kabel waren noch intakt, aber die Birne kam mir in Einzelteilen entgegen. Dies war ein Satz mit X!

Ich überlegte, wer denn im Dorf noch so etwas haben könnte. Verschiedene Gehöfte klapperte ich mit dem Fahrrad vergeblich ab. Beim letzten Versuch (gegen 21.30 Uhr !!) überreichte mir Gerthilde einen intakten Rotlichtstrahler, der momentan für ihre Küken nicht gebraucht wurde. - Huberti sei dank! - So lag alles Weitere in Gottes Hand. Ich glaubte ehrlich nicht an ein Überleben des Winzlings, zumal seine Nabelschnur noch feucht war. Nichtsdestotrotz wurde sie auf den Namen „Frieda" getauft, fotografiert und unter dem Esstisch mit wärmendem Rotlicht in der Küche platziert. Ich begab mich wieder zu den Feierlichkeiten und musste dort natürlich ausführlich berichten und die Fotos zeigen. Zum folgenden Wochenbeginn bestätigte der Tierarzt im Rahmen einer Untersuchung mit verabreichter Aufbauspritze dann das maximale Alter von fünf Tagen.

Eine große Hilfe bei der Babybetreuung war Alf, unsere große Ardennenbracke. Entgegen der Normalität, nämlich Schweinchen suchen, stellen oder jagen, bewindete er die Kleine und leckte sie intensivst ab. Es war der Beginn einer wundersamen Freundschaft. Nach einer verhältnismäßig ruhigen ersten Nacht, nur unterbrochen durch Futtergaben, war Frieda am Morgen sehr lebhaft und randalierte in der Kiste. Wir ließen sie raus und Alf spielte sofort mit ihr. Er hatte sie adoptiert! Nach zwei Tagen war uns klar, dass Frieda überleben und sie die nächste Zeit bei uns Gastrecht genießen würde.

Mit dem „Flasche geben" wechselten wir uns in der

Familie ab, aber die Nachtstunden opferte der grüne Pensionär. Alf war immer mit dabei und schleckte der Kleinen den Wurf mit den Milchresten ab. Handwarme Kälberaufzuchtsmilch, mit einem Schneebesen angerührt, in der Nuckelflasche gereicht, funktionierte hervorragend und auch Alf wurde zusehends dicker dabei! Bracke und Sau spielten stundenlang im Hof. Nachts schlief sie dann im eigens für sie gebauten Kasten mit angeschraubten Bürsten zum Schrubbern unter der Wärmelampe in der Remise.

Frieda lernte das Brechen im Rosenbeet und grub dabei die gesamte Rabattenanlage um. Zum Suhlen hatte ich der Kleinen einen Mörtelkübel an der Stirnseite etwas ausgeschnitten und mit Schlamm aufgefüllt. Mit Begeisterung aalte sie sich darin.

Sämtliches Kinderspielzeug, wie z.B. Liams Trettraktor mit Anhänger, auf dem sie auch gerne Platz nahm, Laufrad und diverse Bagger bis hin zum Kinderwagen, wurde als Malbaum verwendet. Selbst meine Lederhose musste öfters dran glauben.

Allmählich wurde ich Leitbache und Chef im Ring. Auf das geringste Geräusch meinerseits reagierte sie mit einem mordsmäßigen Hungergeschrei. Wenn ihr das Anrühren der Flaschenmahlzeit nicht schnell genug ging, mussten meine Schnürsenkel herhalten. Immer war Alf mit von der Partie. Tränen lachten wir, wenn beide sich beispielsweise um ein Hunde-handtuch als Lagerstätte balgten.

Das Fressen für Klein-Frieda wurde allmählich „ein-gedickt", d.h. gekochte Kartoffeln mit Futterhafer, Klee und zarte Rüben wurden Mylady zur üblichen Milch kredenzt. Paula, meine Brackenhündin, kam aber mit dem Wutzevieh überhaupt nicht klar und rückte von ihrem angewölften Feindbild „Sau" nicht ab. Eifersucht könnte hier aber auch eine Rolle ge-spielt haben! Da war Aufpassen und Wachsein ange-sagt.

Frieda wuchs zusehends und dank der speziellen Nahrung war sie ihren Artgenossen in freier Wild-bahn ein großes Stück voraus. Dies belegten zahlrei-che Fotos der Wildkameras an den Kirrungen. Auch biss sie je nach Laune alles und jeden, der in meine Nähe kam. Auf unserem Baumstück konnte sie in meiner Begleitung stundenlang am Glauberg brechen und toben. Waldspaziergänge schlossen sich an. Nie-mals ließ sie mich dabei aus den Augen. Fallobst, wie Frühäpfel und Kirschen, mochte sie besonders gern und täglich hatten wir „Frieda-Besucher", sogenannte „Sehleute", auf dem Hof.

Auch waren wir Gäste im Biologieunterricht einiger Schulen und besuchten die Kindergärten im Umland. Der Kontrolle wegen führte ich sie an der Hundeleine, welches auch im Dorf beim Brötchen holen und allgemein im Straßenverkehr für erhebliches Durcheinander sorgte. So vergingen die Wochen, und Frieda war kaum noch zu bändigen und wurde zunehmend unberechenbarer. Auch die Hygiene bereitete uns, nicht nur der Enkel wegen, vermehrt Sorgen. Trotz alledem konnte ich anhand vieler Kleinigkeiten und am Verhalten des Schweinchens manches von ihr lernen. Viele Lautäußerungen der Sauen kann ich jetzt beispielsweise beim Ansitz und an der Kirrung noch besser deuten.

Für mich hatte ich gedanklich schon von Beginn an das Saugatter im thüringischen Blankenhain als Friedas zukünftige Wirkungsstätte ins Auge gefasst. Der Kochtopf war von vornherein ausgeschlossen. In dieser Gatteranlage hatte ich schon vorher mit Paula und Alf gearbeitet und kannte es daher sehr gut. Über die Freunde unseres „Verein Ardennenbracke" bekam ich vom Gattermeister die Zusage der Aufnahme. Anfang August lieferte ich sie dann schweren Herzens im Eingewöhnungsgatter ab. Durch den Zaun hatte sie Kontakt zu ihren Artgenossen und in ihrem großen Auslauf kam am gleichen Tag noch ein zweiter Frischling hinzu. Gedrückte Stimmung herrschte aber begreiflicherweise an den Folgetagen bei uns zu Hause vor. Trotz allen Ungemachs fehlte sie uns sehr.

Anfang September war ich zur Vorbereitung der Brauchbarkeitsprüfung unsrer Ardennenbracken wieder in Blankenhain. Natürlich wollte ich Frieda sehen. Nachdem alle Fährten für die Prüfung getreten waren, nahm ich mir die Zeit und suchte sie am Gattertor auf. Auf den ersten Ruf „Frieda" teilten sich die Brennnesseln am hinteren Ende des großen Ruhegatters explosionsartig und meine Wutz kam in einem Affenzahn zu mir. Die Vorderläufe auf der inneren Zäunung aus Fichtenstangen und den Kopf schräg dazu, feierten wir ein Wiedersehen unter Kraulen und Abklopfen. Es ging ihr gut. Mit feuchten Augen nahm ich später wieder wehmütig Abschied von ihr.

Frieda war demzufolge bei Thüringen Forst „angestellt" und zeigte auch aufgrund der intensiven Vorarbeit von Alf anderen Jagdhunden, dass Sauen ein sehr wehrhaftes Wild sind, und bei ihnen erhöhte Vorsicht angesagt ist! - Ein herzliches Waidmannsdank noch mal an Stefan, Gudrun und Andreas, von der „Heidelbeere" in Thüringen.

Drei Jahre später: Brackenfreunde, mein Nachbar mit seiner BGS-Hündin „Charly" und ich mit „Paula" hatten einen Termin im Saugatter Blankenhain gebucht. Routiniert lief alles zur besten Zufriedenheit ab. Natürlich fragte ich im Nachhinein den Gattermeister nach „Frieda". Mit einem freundlich-wissendem Grinsen bestätigte er mir, dass wir heute mit Friedas Töchtern gearbeitet hätten. Frieda selber hätte sich bei Reparaturarbeiten am Zaun mit versehentlich offenem Tor klammheimlich auf Nimmerwiedersehen

150

vom Gatterbetrieb verabschiedet und ihre Freiheit wiedererlangt!

9. Kelsdersch

Zum ersten Mal hörte ich den Namen des Dorfes Kelsdersch in Verbindung mit Marion, einer Nichte von Mariechen, die wiederum die Frau des Bruders meines Großvaters mütterlicherseits war. Genug der Verwirrung! Auf diversen Familienfeierlichkeiten entstand so eine Kinderfreundschaft, über die Marion und ich heute noch schmunzeln können, speziell auch über einen Freundschaftsring aus dem Kaugummiautomat für zehn Pfennige damals! ... dolle Zeiten!

Der zweite Kontakt mit Kaulstoß gründete sich auf eine Jagdeinladung von Jürgen, mit dem ich zusammen die Jägerprüfung ablegte und der im dortigen Revier Mitpächter war, so meine Erinnerung. Nach einigen ergebnislosen Gastansitzen auf Sauen - immer wieder mal - gingen die Schweine im Mais oben an der Feldscheune heftig zu Schade. Die sollten da natürlich raus, zumal schon einiges platt und die Ernte dadurch erheblich geschmälert war. Maisdrücken war demzufolge angesagt, denn die hauptsächlich bäuerlich verwurzelte Bevölkerung von Kelsdersch war den Wildschweinen nicht besonders freundlich gesonnen und musste des voraussichtlichen Ernteausfalls wegen besänftigt werden. Da ging es tatsächlich um die Kartoffeln für den Winter, die mühselige Feldarbeit der gesamten Familie und ums Viehfutter, beileibe nicht, wie heutzutage leider meistens üblich, nur ums schnöde Geld!

Zu diesem Zeitpunkt war meine Terrierhündin „Hexe" ein gutes Jahr alt und musste natürlich zum Maisdrücken mit. Im Bukasiland angekommen staunte ich nicht schlecht, war doch das halbe Dörfchen in Sachen Treiberwehr und „Sauenbekämpfung" mit von der Partie. Allerdings war Hexe der einzige Hund vor Ort. Das relativ große Feld wurde mit sechs Jägern abgestellt, der Strom des Zaunes abgeschaltet und mit Hurra und Hopp-hopp-hopp gedrückt. Es dauerte nicht lange, und Hexe war laut, offensichtlich an Sauen. Der Bail kam in meine Richtung und tatsächlich eine Sau, breit, brav auf vierzig Meter, verließ die Deckung. Mit einem Hochblattschuss rollierte der Überläuferkeiler und blieb regungslos liegen. Anerkennendes Zuwinken von Walter, dem Nachbarschützen, machte mich stolz auf mein sauberes Waidmannsheil und auf meinen unverhofften Glücksschuss. Nach und nach kamen dann die Treiber aus dem Mais, war doch mein Wutzchen das einzige im Acker. Die Bauern des Dorfes standen nun um die Sau, „goure Schuss! ... Wu ist **der** dann her?" so die Fragen untereinander mit anerkennendem Blick zu mir. ... „Glaawegg, (Glauberg) ach, ... kennste den? ... Wos mecht dann der?" ... usw. ... Nach dem Aufbrechen nach alter Väter Sitte und kurzem Umtrunk bei „Gensies" verließ ich die Stätte der Ehre. Dies geschah an einem Dienstag.

Für den darauffolgenden Sonntag, 14.00 Uhr, wurde wieder dahin eingeladen. Erheblich mehr Schützen als in der zurückliegenden Woche sollten das gleiche Feld umstellen. Es wären wieder Sauen im Geviert. Auch waren mehrere Hunde dabei; meine Hexe natürlich auch, aber erst mal kurz am Riemen. Diesmal stand ich an der Breitseite des Ackers nordwestlich in gutem Wind nahe der Feldscheune. Erst mal Ruhe im Acker! Hexe wollte aber unbedingt hinein und ich schnallte sie. Kurz danach wurde sie unweit laut und ich machte mich fertig... Adrenalin pur! Es prasselte direkt neben mir und heraus kamen drei Frischlinge, die sich noch nicht lange ihrer Schlafanzüge entledigt hatten. Waffe hoch, den ersten halb schräg auf kurze Entfernung hinter dem Blatt gefasst, Peng, er lag.

Den zweiten ereilte das gleiche Schicksal! Frosch Nummer drei wurde mittlerweile von allen Seiten befunkt und ich sah, wie ihm das Gebräch wegflog! Jetzt aber schnell, wollte er doch gerade hinter dem Wegrain Deckung nehmen und in Richtung Wald verschwinden. Der dritte Schuss meiner FN lies ihn ebenfalls im Knall verenden! Gott sei Dank! Allerdings musste ich spitz von hinten in die Wirbelsäule schießen, wodurch er nicht besonders gut aussah. Ich nahm ihn zur Verwertung mit zu mir und hatte fortan in Kaulstoß als Jäger gute Karten.

Jahre später, der Pachtvertrag mit Helmut wurde aus Altersgründen nicht verlängert, betrat A. den Plan und pachtete dieses Sahnestückchen. Dankenswerterweise berief er mich zum bestätigten Jagdaufseher in seinem Revier und ebenso großzügig beauftragte er mich mit dem lästigen Schreibkram und der Reviergestaltung, welche ich natürlich gerne in Angriff nahm. Hast du ein Revier, hast du viel Arbeit und auch viele Freunde! So auch hier. Natürlich waren die meisten angenehme Zeitgenossen, aber Ausnahmen bestätigen die Regel.

X. wurde, wie im abgelaufenen Vorpächtervertrag, Begehungscheininhaber und jagte, wie er es gewohnt war. Der Abschussplan gab vier ältere Böcke her und jeder von uns sollte erst mal einen erlegen. X. kam nach dem ersten Ansitz mit zwei jungen Sechsern. Auf die Frage, warum er den zweiten auch geschossen habe, antwortete er: „Der hat so blöd geguckt!" Das Böckchen stand in Wegnähe am Heckenrand. X. schoss aus dem Auto!

Die gebotene Höflichkeit der neuen Jagdherrschaft gegenüber und diskrete, höfliche Zurückhaltung hätten ihm wohl gut gestanden. Kritischer Blick von mir und Stirnrunzeln vom Chef!

X. war ein fleißiger Kirrjäger. Das ist eigentlich nichts Schlimmes, wenn da nicht der Hang zur Übertreibung gewesen wäre. Bis zu meinem energischen Einhalt transportierte er verbotenerweise täglich Unmengen von Brot und Backwaren zu seinen Kirrplätzen. Natürlich waren Alteburg und Kaiser sehr gut von den Sauen angenommen. Dort erlegte er auffallend viele Dubletten, auch bei schlechtesten Lichtverhältnissen. Meistens kommt man an der Kirrung nur einmal zum Schuss, denn im Knall leert sich sofort die Bühne. Durch spezielles Platzieren des Kirrgutes kann man die Sauen auseinanderziehen oder aber das Gegenteil bewirken. Er wartete dann oft bis zwei Sauen so standen, dass mit Sicherheit die Dahinterstehende vom Geschossrest ebenfalls getroffen wurde. Ich mag gar nicht darüber nachdenken, wie viele vor uns elendig verluderten. Nachsuchen gab es vernehmlich keine! … und keinen brauchbaren Hund!

An einem Sommernachmittag arbeitete ich im Revier relativ lautlos mit der Astschere, als unvermittelt in meiner Nähe ein Schuss fiel. Als ich mir freie Sicht auf den vermuteten Ort verschafft hatte, hörte ich das Schlagen der Heckklappe des Autos und X. verschwand eiligst aus dem Revier. Ich fand auch den Anschuss am Heckenrand. Wohin er das Reh lieferte, war erst mal nicht zu ermitteln. Das Misstrauen war offenkundig, aber spüren ließen wir es ihn nicht, in der Hoffnung, ihn tatsächlich irgendwann des Diebstahls - oder ist es Wilderei? - überführen zu können. Verdachtsmomente gab es viele, hing doch die eine oder andere, nicht gemeldete, Sau gelegentlich im Apfelbaum und es wurden diverse Aufbrüche gefunden. Natürlich stammte das alles aus dem Revier seines Vaters. Auch mit dem Rotwild nahm er es beim Vorpächter nicht so genau, wie uns berichtet wurde.

Im kommenden Winter bei wadentiefem Schnee und -8° C saß ich mit meinem Pajero oben am Alteburgweg fest. In der tiefen Fahrspur war Eis vom Schnee überdeckt. Ich brach beim Befahren mit allen vier Rädern gleichzeitig ein. Mittig längs aufgesetzt war ein Flottkriegen ohne Traktor nicht möglich.

So tippelte ich von der entferntesten Revierecke in Richtung Dorf, der Hilfe wegen, zumal ich keinen Handyempfang hatte. X. kam mir weiter unten entgegen. Ich berichtete ihm, dass ich an der Alteburg festsitze, worauf er lachte, Gas gab und seinen Weg fortsetzte. Meinen verdutzten Gesichtsausdruck und die zarten Worte, die ich ihm nachsendete, kann sich eigentlich jeder ohne viel Phantasie ausmalen. Dieser Tropfen brachte das Fass zum Überlaufen. Unehrenhafte Entlassung nennt man dieses Prozedere bei der Armee!

Als „Abschiedsgeschenk" klaute er aber noch eine Kanzel von uns in einer Nacht-und Nebelaktion, bei der eine Straßenlaterne im Nachbardorf beschädigt und die Behörden strafrechtlich gegen ihn vorgingen.

Zwei Jahre später wurde er wegen Wilderei an einem Rothirsch verurteilt. Auch der Jagdschein war für einige Jahre gesperrt. Dass er mittlerweile wieder wildert, ist so sicher wie das Amen in der Kirche. - Die Katze lässt das Mausen nicht...! ....und es fallen auch heute immer wieder mal ungeklärte Schüsse in den Revieren rundum...!

Der Professor

Ein anderer, besonderer, eigentlich kein böser, ständiger Jagdgast war ein wohlbeleibter Herr mit einem grünen Elektrikerhemd. (die Knöpfe auf der Frontseite hatten Hochspannung!) Mitte Sechzig sah man ihm deutlich an. Körperliches Arbeiten war er überhaupt nicht gewohnt, hatte aber Sprüche am Leib, dass es einem himmelangst werden konnte. Wegen seines imposanten Erscheinungsbildes und seines „jagdlichen Sachverstandes" wurde er Professor genannt. Stark sehbehindert erlegte er in einem anderen Revier irgendwann einmal ein Schmalreh, welches ihm wahrscheinlich auf dem Silbertablett serviert wurde. Er hatte bei uns einen Jährling frei. An den Fischteichen ging ein passender regelmäßig. Dort sollte er waidwerken. Geschätzte 500 Meter davon platzierte ich mich auf das Storchennest. A. wählte den Usinger in einiger Entfernung, getrennt durch das Rudolf-Zimmer-Wäldchen in meinem Rücken.

Vor mir auf der Wiese mäuselte ein Jungfuchs. ...Bätsch! ... hatte er die Hornet. Minuten später Rums! ... A. hatte geschossen. Nicht lange danach kam bei mir Jungfuchs Nummer zwei. Er wurde ebenfalls ein Opfer der giftigen, kleinen Kugel. Ich hatte noch nicht nachgeladen, krachte es bei A. schon wieder. Für eine halbe Stunde trat Ruhe ein im frühsommerlichen Vogelsberg. Der Duft der frisch gemähten Wiesen und die Freude, einigen Hasen das Leben gerettet zu haben, beflügelte die Gedanken und tat der Seele gut. In dieses Träumen und Sinnieren von mir schlüpfte rechts ein Knopferchen leichtfertig unter dem Koppelzaun durch. Die 30-06 bannte auch ihn an den Platz. Die Dämmerung hatte uns mittlerweile schon fest im Griff, da schoss A. erneut. Jetzt gab es kein Halten mehr. Beute einsammeln und schnell schauen, was denn Diana uns beschert hatte. A. hatte einen mittelmäßigen Zweijährigen, einen schwachen Jährling und einen Jungfuchs liegen. Ich legte meinen Knopfer und die beiden Füchslein dazu. In meinem Auto fanden wir auch noch einen Obstler, der Desinfektion wegen. Als Professorchen hinzu kam, staunte er nicht schlecht. Er hatte keinen Anblick. Die Schüsse hatte er auch nicht gehört! Aber den Schnaps lobte er.

Den Einstanglerjährling, auf den er tausendfach angesessen hatte, erlegte ich später am Ende der Jagdzeit.

Klein Pamplona

Hexe kam langsam in die gesetzten Jahre und wurde dadurch ruhiger. Von ihrer Passion hatte sie nichts verloren, sie jagte nur mit mehr Verstand und kräfteschonender. Soviel zur Einleitung!

Ungefähr achtzig Meter vom Ortsrand und Nidderufer befand sich ein Maisschlag, ungefähr drei Hektar groß. Es sollten Sauen darin sein, so die Aussage des Beständers und unseres damals noch-Begehungsscheininhabers X. Meinen Vorschlag am Vormittag, erst mal mit Hexe das Feld zu umrunden und dann zu entscheiden, wurde in den Wind geschlagen.

Als ich dann nachmittags zum vereinbarten Zeitpunkt zur Maisjagd am Rand des Dorfes ankam, traute ich meinen Augen kaum! Mindestens zehn Autos, ungefähr fünfzehn Schützen und damals eine der besten Jagdterriermeuten Hessens, nämlich Harald und der kleine Michel mit diversem Anhang, insgesamt elf hervorragende Jagdterrier und ein DL. Meine Hexe stammte auch „vom Limeshain" und war die Nummer dreizehn. Der vierzehnte Hund war der Chefdackel „Samson" von A.

X. hatte sämtliche Autos auf den geteerten Feldweg direkt unterhalb des Feldes parken lassen. „Es ist noch nie eine Sau zwischen den Autos durch und außerdem ist da gleich das Dorf!" so seine Aussage. Mir war das natürlich in mehrfacher Hinsicht zu riskant und beorderte alle PKWs zurück in die Seitenstraßen von Kaulstoß. Natürlich gab es darum harte Worte. Aber ich setzte mich in weiser Voraussicht durch. Die Lappjagd, modern auch mit Autos, ist verboten!

Die eine Hälfte der Jäger stellte ich unten am Teerweg zur Dorfseite und die Stirn nach Westen hin an. Mein Stand war dann folglich der letzte an einem flachen Graben mit Altgras zu der anschließenden Weide mit Rindviechern, die mit einem einfachen Elektrozaun gesichert war. Oben schickte der Jagdherr seine Schützen ab und begab sich dann auf den „Feldherrnhügel" auf der östlichen Ecke.

Die Jagd begann, die Meute war drin, kurz Laut, oben kam ein Fuchs, unbeschossen, und eine Geiß mit Kitz. Unterhalb von mir drückte sich ein Hase aus dem Mais in das hohe Gras des Grabens. Wenig später sah ich ihn über die angrenzende Weide hoppeln. Im Acker kehrte Ruhe ein. Hexe kam irgendwann zu mir, setzte sich neben mich und blickte mich vielsagend an. Dieses war für mich ein sicheres Zeichen, dass nichts mehr relevantes im Mais war.

Auch der eine oder andere Terrier lugte gelangweilt aus den Stängeln um dann wieder darin zu verschwinden. Wir hatten aber nicht mit dem Chefdackel gerechnet. Er hatte wohl die Witterung des Hasen in der Nase, kläffte kurz am Maisrand um dann auf der Duftspur des Hasen spurlaut in Bilderbuchmanier quer durch die misstrauisch glotzenden Kühe in Richtung Buchwaldsmühlenhecke zu dackeln. Das wäre in dieser Form auch gut gewesen, wenn denn die Terrier dies nicht mitgekriegt hätten und nun Samsons Alleingang aufgrund seiner Jagdrufe unterstützten.

Den Kühen war das offensichtlich zu viel, zumal sich einige Hunde auch um das große, schwarzweiß gefleckte oder braune und domestizierte urige Wild vergangener Jahrtausende kümmerten. Das war toll. Die

Wautzis jagten mit lautem Jiff und Jaff hinter den Rindern her, welche mit hoch peitschenden Schwänzen den jenseitigen Zaun durchbrachen und die Viecher auf der benachbarten Weide animierten mitzumachen. Wiese drei, vier und fünf folgten in gleicher Manier; insgesamt beschrieben sie einen großen Bogen und suchten wohl eine brauchbare Deckung! So stürmten rund fünfunddreißig Rinder, Bullchen, Kälber und Milchkühe wieder von oben talwärts kommend, in den abgestellten großen Maisschlag. Mit heruntergeklappten Unterkiefern, das riesige Fiasko ahnend, standen die Jäger haareraufend, hundepfeifend und der Gefahr ausweichend, am Feldrand. Keine Macht der Welt hält in solcher Situation eine wild gewordene Kuhherde auf, auch Gensies Werner nicht, der dann durch einen Kuhrempler rücklings im Mais lag. Gott sei Dank war ihm nichts ernsthaftes passiert. Er kam mit dem Schrecken und einigen blauen Flecken davon.

Wer unsere Jagdterrier kennt, weiß, dass es nur in den seltensten Fällen gelingt, in dieser Situation eine solche Töle davon zu überzeugen, das Jagen einzustellen. So auch hier! Alles Rufen und Pfeifen war erst einmal und für den Moment zwecklos, die Viecher verließen aufgeregt den Mais in alle Richtungen, das Gros aber in voller Fahrt über den besagten Feldweg, auf dem vorher die Autos dicht an dicht standen. Kühe auf Dach und Motorhauben hätten sich jetzt bestimmt gut gemacht...! So gingen sie ungehemmt durch die seichte Nidder nach Kaulstoß hinein. Hier kamen sie etwas zur Ruhe, zumal mittlerweile die

Hunde fast alle gesichert waren. So ziemlich in jeder Hofreite, jedem Hausgarten und jeder Straße des kleinen Dörfchens standen Rindviecher, glotzten und muhten misstrauisch in die Runde.

Zum Glück waren die Jagdgenossen mit dem Sortieren ihrer quastenschwänzigen Vierbeiner beschäftigt, und so verdrückten sich die Jäger mit eingezogenem Genick und einem kurzen „Uijujui!" in die heimatlichen Gefilde. Größerer Schaden war Gott sei Dank ausgeblieben, außer, die eine (**gute**) Kuh, die auch zur Auktion sollte, hatte eine Schramme durch den DL an der Schwanzwurzel erlitten. Die Tierarztkosten und der Schaden im Mais wurden später von uns übernommen. Auch der Mitjäger, der für den Zwist mit den Autos verantwortlich war, zog mit eingekniffenem Schwanz grußlos von dannen.

Samson kam, nachdem alles ausgestanden war, quitschvergnügt von seinem Hasen zurück und wollte sein Lob einheimsen! Er war mächtig stolz auf sich, zeigte er uns doch wieder mal, zu welchen Leistungen ein solch kleiner Hund fähig sein kann.

Wir haben nicht hochgerechnet und ausgemalt, was die Aktion hätte kosten können, sondern begnügten uns ebenfalls mit „Uijujuijujui" und einem Verschieben des Hutes mit begleitendem Kopfkratzen.

Pachtbeginn

A. und ich saßen pünktlich zum Pachtbeginn am 1. Juli 2015, 0.00 Uhr im Revier Kelsdersch. Der Sommermond stand flach und gab kein gutes Licht. An einer Heuwiese, die noch im Halm stand, machten sich die Sauen zu schaffen. Ein bequemer Drückjagdbock war tagsüber dort eilends strategisch platziert worden, und A. saß dort. Ich war auf der alten Willi-Wichtig-Kanzel und passte dort auf Sauen. Sie kamen tatsächlich, aber durch den unglücklich flachen Stand des Sommermondes in dieser Stunde bekam ich das Wild nicht ins Zielfernrohr. Alles Abdecken half nichts und die Sauen waren weg. Nach dem Abbaumen holte ich den Kollegen ab. Erlebnisse tauscht man aus. Er fluchte, zweifelte an sich und war kurz davor, seinen Jagdschein abzugeben. Die Sauen waren auch direkt vor ihm. Er kam ebenfalls wegen des diffusen Lichtes und der Spiegelung in der Optik nicht zum Schuss. Es fiel ihm ein Stein vom Herzen, als ich ihm berichtete, dass es mir nicht besser ergangen war.

Wenige Tage später, das Gras war gemäht, schoss ich an gleicher Stelle bei einem Abendansitz fünf Jungfüchse mit der Hornet. - Frage an die Grünen im hessischen Landtag: „Was sollte die stumpfsinnige neue Jagdverordnung damals mit Fuchs und Waschbär incl. der Schonzeit für diese Wildarten? Niemand schießt die Elterntiere von den Jungen weg! ... Außerdem ist dieses klar in unserer Jagdgesetzgebung und

in den Geboten der Waidgerechtigkeit verankert! ...
Die Jäger mussten damals wohl aus politischen Gründen als Bauernopfer für die neue Startbahn am Frankfurter Flughafen herhalten!

Rindviecher zum zweiten ...

Aus den verschiedensten Gründen klappte das mit den Wildäckern im Kelsderscher Revier nicht so, wie es normalerweise sein sollte. Dies lehrten mich die vergangenen Jahre immer wieder. Jetzt endlich stand ein knapper Morgen Mais wunder-prächtig am Feuerstein. Dieser Acker ist an drei Seiten von Wald umgeben. Nach der vierten Seite öffnet er sich zu den Feuersteinwiesen hin. Ich hatte mal hochgerechnet, dass hier die Erlegung von zwei mittelprächtigen Schweinchen die Gestehungskosten ausgleichen könnte. Ferner könnte ein Bauer, der Wildschaden im Mais hatte, 1:1 in Naturalien vergütet werden, indem er sich von diesem Mais die entsprechende Menge hächselt. So weit, so gut!

Während der Maisreife sah man den einen oder anderen Quadratmeter Halme umgeknickt. Auch Saulosung war auf der Fläche, alles in allem aber äußerst spärlich. Dann folgte der Schreck nach einer Nacht:

gut die Hälfte war restlos platt, im wahrsten Sinn des Wortes. Es sah so aus, als wäre eine Riesen-Rotte-Sauen zugange gewesen. Wegen der menschlichen Witterung aber hauptsächlich aus mangelnder Zeit unterließ ich jetzt eine weitere Untersuchung der Schadensfläche, es konnten ja nur Sauen gewesen sein, die ich nicht unnötig mit meinem Duft belästigen oder ganz und gar vergrämen wollte. Eilends stellte ich noch einen Drückjagdbock zusätzlich an das Kopfende des Feldes, der besseren Sicht und der Unabhängigkeit der Windrichtung wegen. Zur Überprüfung von Standfestigkeit, Übersicht und Bequemlichkeit nahm ich oben kurz Platz. Rückseitig bemerkte ich nun auch einige Rinder auf den Feuersteinwiesen. Also war beim Sauenansitz erhöhte Vorsicht geboten, denn ausgerechnet der vermeintliche Eigentümer dieser Rindviecher war wegen drastisch überhöhter Wildschadensforderungen nicht besonders gut auf uns zu sprechen.

Zum Abendansitz stand der frisch gestellte Drückjagdbock des Windes wegen ungünstig, und so nahm ich hinten im überdachten Ansitzwagen an der Rückseite des Ackers Platz. Der halbe Mond spendete noch kein ausreichendes Licht, als ich gedankenverloren einen leichten Stoß am Sitz bemerkte. In gleicher Sekunde schob sich absolut leise ein massiger dunkler Wildkörper zum Greifen nahe an mir vorbei in den hier am Rand noch stehenden Mais. Instinktiv griff ich zur Waffe. Der kalte Stahl gab Sicherheit! Es folgte kurzes Poltern und tiefes Schnauben. Jetzt erkannte ich zwei Rinder und war erst mal unschlüssig, ob ich denn tatsächlich wach war. Kein Zweifel, meine Herde wuchs auf vier Stück an, drei schwarz-weiße und ein dunkles Rindvieh tummelten sich einige Zeit munter in Halmenwald bevor sie die Fläche in Richtung der Wiesen verließen. Auf meine telefonische Information kam der Landwirt sofort angebraust und teilte mir mit, dass es nicht seine Tiere wären, vielmehr handele es sich um irgendwelche Kreuzungen, wie er im Scheinwerferlicht seines Autos erkennen konnte. Ich konnte ihm noch keinen rechten Glauben schenken...! Nun war guter Rat teuer, das Wetter in der Folgezeit absolut ungünstig, das Mais wurde immer weniger und nach der vierten Nacht standen nur noch eine handvoll Stängel.

Aber die Buschtrommeln funktionierten! Tage später erreichte mich der Anruf eines Landwirtes mit Wohnung und Hof in ungefähr dreißig Kilometern Entfernung vom Revier. Er informierte mich darüber, dass vor einigen Wochen drei Schwarzbunte und ein Braunes bei ihm ausgebrochen wären und jegliche Fangversuche kläglich gescheitert seien. Zäune und Straßen wären kein Hindernis für sie. Allerdings hätte er lange nichts mehr gehört, wo sich die Geister herumtrieben. Die Polizei sei informiert, und ich sollte doch bitte schießen, sobald sich die Gelegenheit dazu böte! Ich sagte aufgrund meiner Stellung als bestätigter Jagdaufseher im Rahmen der Gefahrenabwehr zu und informierte den Beständer und unsere Mitjäger. Das übliche Gefrotzel stellte sich ein und jeder wollte spaßeshalber Rindfleisch einlagern. Ernstlich setzte sich aber niemand mit diesem Thema auseinander.

Wieder gingen einige Tage ins Land und die Rindviecher waren eigentlich schon wieder aus den Köpfen.

Am folgenden Mittwochabend wollte ich auf Sauen im Septembermond ansitzen. Auf dem Weg zum Hochsitz sah ich in einiger Entfernung eine Kuhherde aus dem Wald kommen und zügig über die Kuppe verschwinden. Kein Zweifel, das waren sie! Hätte ich doch nur den Repetierer oder meine FN mitgenommen...! Aber 30-06 aus der Bbfl. ist auch okay. Eilig fuhr ich nun den Weg bergan um mir wieder Überblick zu verschaffen. Richtig, ein Stück weit unten standen sie und sicherten unruhig, misstrauisch in meine Richtung. Also fuhr ich langsam weiter, bis ich außer Sichtweite war und stellte das Auto ab. Jetzt musste ich, durch Hecken gedeckt, im weiten Bogen gegen den Wind angehen. Dies gelang auch, und ich platzierte mich hinter einem dicken Kirschbaum, geschätzte neunzig Meter vom „Rudel" entfernt. Unruhig schoben sich die vier zusammen und zogen so weiter nach unten. Dann wendete eine, stand nun spitz zu mir und sicherte mit erhobenem Haupt. Stehend angestrichen setzte ich ihr die Kugel auf die Blesse. Sie brach sofort zusammen und schlegelte aber noch etwas. Nummer eins! Erleichtert schob ich die nächste Patrone in die Blaser. Die Braune machte einen langen Hals zur Gefällten. Mit durchschossenem Atlaswirbel lag sie neben ihr! ... Top, Nummer Zwei! Ich konnte mein Glück kaum fassen. Wer schießt schon mal ne Kuhdublette…?

Den anderen wurde dies anscheinend dann doch zu

viel und flüchteten langsam unschlüssig in Richtung Wald. „Mist!" dachte ich. Aber nach kurzer Flucht kamen sie im Bogen zurück und bewindeten aus der Distanz ihre Kumpaninnen. So endete Nummer Drei fast an gleicher Stelle. Die Vierte flüchtete nun wieder entgegengesetzt. Ein kurzes Verhoffen und ein Blick zurück öffnete auch ihr die Himmelspforte. Zufrieden schaute ich in die Runde …! Nanu, verfluchte Kiste, die erste rennt ja wieder! Von der Stirn, die aufgrund des Sicherns schräg nach oben stand, prallte wahrscheinlich das Geschoss des harten Schädels weg ab. Es versetzte dem Rind lediglich einen heftigen Schlag, der zum blitzartigen Zusammenbrechen führte. Ähnliches war mir Jahre zuvor bei einem aggressiven Weidebullen passiert. Ohne Chance auf einen tödlichen Schuss ließ ich sie ziehen und begab mich zu den anderen um die Halsschlagadern zu öffnen.

Direkt nach dieser Aktion verständigte ich den Besitzer. Er machte sich sofort mit Frontlader und Einachser auf den Weg zu mir. Der nächste Anruf ging zur Polizeistation in die Kreisstadt. Hier nahm man die Sache wohlwollend zur Kenntnis und sah das Ganze als erledigt an. Pächter A. hielt meine Vollzugsmeldung erst mal für einen Scherz, war er doch beim Kartenspiel in der Jagdhütte eines Freundes. Ich beließ es für den Moment dabei.

Das erste beschossene Rind war offensichtlich in den Jungwald gezogen. Auf „Friedrichsruh" am Waldrand wollte ich warten, um eventuell im Mondlicht nochmal zu Schuss zu kommen. Aber etwas in mir sagte, fahre noch mal an das Wegekreuz. Nach links eingebogen, sah ich die Schwarzbunte etwas weiter unten im Scheinwerferlicht nach rechts schnell in die Dunkelheit verschwinden. Warten war angesagt, allerdings mit der Waffe in der Hand. Ich hatte ihr den Weg zum vermeintlichen Einstand im Wald abgeschnitten und hoffte auch, dass sie sich des Herdentriebes wegen in die Nähe der anderen gezäunten Weiderinder aus dem Dorf gesellte. So geschah es. Nach kurzer Zeit lag die Zurückgekommene dann ebenfalls mit durchschossenem Halswirbel am Wegesrand. Natürlich öffnete ich auch hier sofort Schlagader und Drossel.

Nach erneutem Anruf trafen dann A. und R. (nicht mehr ganz alleine vom Reizen) bei uns ein. Mittlerweile waren schon die ersten drei verladen und die Vierte hing diagonal am Frontlader des Traktors. Nach kurzen Palaver über die Rechtslage und die Eigentumsverhältnisse ging die Reise der vier in Richtung Schlachthaus und nicht, wie von den Kühen vielleicht angedacht, nach Indien...! Darüber soll es ja ein Buch geben...?

Zufrieden und mit geviertelten Rindern im Kühlhaus schmeckt ein Bier gegen 2.00 Uhr zu Hause besonders gut!

Fleischbeschau und die nötigen Formalitäten der Veterinärbehörde folgten am Morgen. Drei Rinder hingen jetzt im Kühlhaus. Das vierte wurde dem Abdecker überlassen, da die Kühlkapazitäten ausgereizt waren. Eigentümer und Jäger teilten sich Fleisch und Kosten.

Fazit: Vogelsberger Wildrind schmeckt vorzüglich!

10. Alf vom Rittergut Colphus

Prägungssuche von Klein-Alf

Bracken aller Art vom Teckel bis zum Hannoverschen Schweißhund und natürlich der Deutsche Jagdterrier faszinierten mich seit Beginn meiner jagdlichen Laufbahn. Jagdfreunde sind der Meinung, dass diese Hunde prägenden Einfluss auf meine jagdliche

Gesinnung hätten, nur meine Behänge wären etwas anders geformt...! Irgendwann jagte auch Sinas Tiroler Brackenmix Balou in den ewigen Jagdgründen. Auf der Suche nach einem passenden hochläufigen Jagdhelfer neben meiner Terrierhündin Anna entdeckte ich in der „Pirsch" eine Annonce von den Ardennenbracken. Über diese Information, das Internet und einem ausgiebigen Telefonat mit dem Neubegründer und damaligen Vorsitzenden des Vereins Ardennenbracke kamen meine Tochter und ich heimatnah nach Laubach zur Pfostenschau dieser Hunde. Begeistert von der Rasse und mit den Abgabebedingungen des Vereins für diese Gebrauchshundewelpen einverstanden, suchten wir uns in Barby Ende November 2013 „Alf vom Rittergut Colphus" als zukünftigen Jagdhelfer aus; besser: Alf suchte sich Sina aus!! Weihnachten 2013, genau acht Wochen alt, kam „Alf" zu uns. Eine gute Vorprägung auf dem Bauernhof merkte man ihm an. Insgesamt schnell stubenrein und sehr wissbegierig bis nervig „elsternhaft" verliefen die ersten Wochen bei uns. Diebisch ist er bis heute!

Am 31. Dez. 2013 beschoss ich beim Morgenansitz im Vogelsbergrevier ein Geißkitz. Das Absehen stand hinter dem Blatt und das Stück ging vorne tief in den Bestand nach links ab. Der Anschuss befand sich etwa zwanzig Meter vom Waldrand entfernt auf einer Wiese. Im Raureif waren die Schusszeichen gut zu erkennen: Hellroter Lungenschweiß! Voraussichtlich eine hervorragende „Testarbeit" für unseren neun Wochen alten Welpen. Es folgte eine kurze telefonische Schilderung der Sachlage nach Glauberg, wo auch sofort zur (Probe)Suche gestartet wurde.

Eineinhalb Stunden nach dem Schuss und leichten Minustemperaturen legte Sina den Kleinen an der Leine wortlos - und auf meinen ausdrücklichen Wunsch ohne Anrüden - am Anschuss zur Fährte. Ich war auf Alf´s erste Reaktionen gespannt. Für unseren Kleinen versank sprichwörtlich rundum alles, und er nahm mit allen Sinnen die Witterung der Rehfährte auf. Jeder Schweißtropfen, jeder Eingriff und Bodenverwundung wurde intensivst untersucht und verinnerlicht. Ganz langsam arbeitete er sich so von der Wiese ins lichte Stangenholz und durch einen schmalen Fichtenstreifen bis zu einer Rückeschneise, ständig auf der Wundfährte. Dort warteten Christoph und ich in gebührender Entfernung windab vom Reh, welches wir im Altgras erst vermuteten und später auch liegen sahen. Es war in der Fluchtfährte verendet und lag auf dem Einschuss. Wenig später kam Alf am Riemen durch die Fichten in den Dunstkreis des Kitzes. Bedingt durch den hohen Grasbewuchs und seine geringe Größe konnte der Kleine das Stück anfangs natürlich nicht sehen, prüfte aber angeregt mit hoher Nase die neue Witterung. Ungefähr zwei Meter vom Stück verharrte er, setzte sich und begann seinen Fund neugierig verhalten zu verbellen! Jetzt wurde überschwänglich gelobt. Er durfte an seine Beute und wurde natürlich mit Leckerlis genossen gemacht.

Für die 50-Meter-Fährte brauchte er eine gefühlte kleine Ewigkeit, was völlig egal war. Er kam voll konzentriert und nicht gestört durch unnötige Aufmunterung auf der natürlichen Wundfährte zum Stück. So sollte es sein. Uns war klar, wir hatten wieder einen guten Hund.

Anmerken möchte ich, dass Alf auf Drängen meiner Tochter zur Welpenschule der Sozialisierung wegen ging. Dort interessierte ihn alles, was **vor** ihm auf der Wiese war und die Übungen waren für ihn ein so „muss das sein?" Programm. Herumtollen war für ihn das Größte.

Neben der klassischen „Stubendressur" mit guten Worten und vielen Leckerlis begann ich nach dem obigen Erfolgserlebnis schon in der zwölften Woche mit der ersten Fährtenschuhaufgabe. Hierbei zog ich den Kopf eines „Wutzis", dessen Läufe an den Schuhen befestigt waren, als Schleppe hinter mir her. Die 60 Meter mit einem Haken waren für den Welpen kein Problem und der Schweinekopf wurde mächtig gezaust. Natürlich gab es immer zusätzliches Futter am Ende der Fährte. Stehzeit auch bei den Folgefährten war generell nicht unter vier Stunden. So absolvierten wir im ersten Halbjahr mindestens zwei Fährten wöchentlich mit steigendem Schwierigkeitsgrad und Länge. Auch Übernachtfährten mit 30 - 40 Stunden Stehzeit in den verschiedensten Revieren mit unterschiedlichsten Bodenverhältnissen und Verleitungen aller Art, auch künstlich angelegte, waren dabei.

Der Litzenbock

Hochsommer, Ansitz im Vogelsberg kurz vor einbrechender Dämmerung. Die Wiese von „Lutze" am Fischerwäldchen, zufällig die gleiche der Prägungssuche, hatte nach der Heumahd wieder kräftigen Grasbewuchs. Allerdings saß ich jetzt am unteren Rand derselben. Vor mir ein Altfuchs! Schießen oder nicht!? In den nächsten Minuten erübrigte sich die Frage. Es trat am oberen Ende der Wiese ein älterer, relativ starker Bock auf die Blöße. Er hatte gut auf, aber seine Bewegungen waren irgendwie gehemmt. Durch mein Zeiss erkannte ich Weidezaunlitzen um das Gehörn und einen krummen Rücken. Jetzt musste es schnell gehen, denn der Bock zog halb schräg von mir weg Richtung Grenze. Auf große Entfernung trug ich ihm die Kugel hinter dem Blatt an. Auffälliges

Zeichnen und großer Bogen in meine Richtung bis an den Heckenrand. Eine Flucht in diesen Gehölzstreifen zur Rechten war seine Letzte. Verendet lag er am Rande inmitten von Brennnesseln und Brombeerranken. Hubertus sei Dank! Besagte Litze hatte auch einen Hinterlauf umschlungen. Er hätte sich an irgendwas irgendwo verfangen und elendig zugrunde gehen können. Dieser Bock im Körbchen erfüllte mich mit dankbarer Freude.

Am nächsten Nachmittag hatte ich bei der Kirrungsrunde im Vogelsbergrevier den neun Monate alten Alf dabei. In der vergangenen Nacht gingen dreizehn Liter pro Quadratmeter als Gewitterregen nieder. Den Anschuss vom Vorabend hatte ich mir in etwa grob gemerkt, aber der Zeit wegen nicht verbrochen. Mit der Bracke am kurzen Schweißriemen ging ich in diese Richtung. Gerade als ich ihn ablegen wollte, hatte er die Krankfährte in der Nase, wie er mir überdeutlich zu verstehen gab. Schweiß war natürlich nicht mehr zu finden. Ich ließ ihn gewähren, und nach wenigen Metern zeigte er mir ein daumennagelgroßes Wildbretteilchen. Also war er richtig! Weiter ging es. Alf lag fest im Riemen. Kurz vor der Hecke das zweite Stückchen Wildbret. Nach weiteren knappen 20 Metern zog er in die Brennnesseln und zeigte mir den Platz, an dem der Bock verendete. Hier hatte ich ein Ästchen als Markierung geknickt. Die Stehzeit der Fährte betrug mittlerweile achtzehn Stunden. Auch hatte ich am Vorabend beim Bergen einen Vorderlauf am Gelenk abgetrennt und als Fundstück vor Ort belassen, den mir Alf nun stolz präsentierte.

Fehler oder nicht?

Mitte Dezember war Alf knappe vierzehn Monate alt. Schmuddelwetter und böiger Wind herrschten der Jahreszeit entsprechend. Ein Jagdfreund rief mich an, er habe ein Schmalreh beschossen, und es wahrscheinlich auch getroffen. Er sei vorne abgekommen, hätte aber bei dem Schuss nach rechts gemuckt - insgesamt wäre alles so komisch! Ich sollte kommen! ... Anschuss vom Waldrand etwa dreißig Meter im Acker, dann Brombeeren massenhaft! Die Krankfährte des Stückes stehe wahrscheinlich in den Wald, konnte es aber nicht genau sagen! Da meine Terrierhündin wegen Krankheit nicht einsatzfähig war, nahm ich kurzentschlossen den jungen Alf mit. Aus der Dämmerung war mittlerweile Nacht geworden. Die Taschenlampe kam zum Einsatz. Auch dies war für Alf Neuland.

Vorausschickend sollte ich erklären, dass ich das gesamte Prozedere mit aufgedocktem Schweißriemen nicht besonders mag. Außerdem sind die modernen Riemen dazu nicht besonders geeignet. Meistens muss es schnell gehen, denn es ist oft eine Nachsuche zur Nachtzeit und demzufolge eine Gratwanderung zwischen Luderplatz oder Wildkühlschrank. Den Anschuss untersuche ich immer, sofern es die Umstände zulassen. Ich habe dann ein klareres Bild vom wahrscheinlichen Suchenverlauf. Mein Schweißriemen ist eine 15-Meter-Leine aus rundem orangenem Kunststoff, sehr robust und sie verheddert sich nicht so leicht im Gehölz. Noch am Auto werfe ich den Riemen lang und lasse ihn anschließend auf dem Weg zum Fährtenbeginn schleifen. Freilich führe ich den Hund am kurzen Stück und lasse ihn „bei Fuß" gehen. Aber nicht immer funktioniert das wie angedacht! So auch hier.

Auf dem Weg in Richtung Anschuss auf dem Acker wurde mein Hund wieder heftig am Riemen und zog in die Brombeeren. Zum Glück habe ich in meiner Nachsuchenjacke auch eine billige Gartenschere parat. So konnten wir den Brombeerwall relativ gut bezwingen. Da lag aber kein Reh, wovon ich eigentlich ausgegangen war. Im Anschluss Hanglage mit alten Eichen und Buchen bestückt, aber immer wieder mit dichtem Brombeergerank und Unterholz durchsetzt. Kein Schweiß, hier und da ein umgedrehtes Blatt, aber Alf lag fest im Riemen. Quer zum Hang verwies er nach ungefähr hundert Metern ein Wundbett, jetzt mit dunklem Wildbretschweiß! - wie mag die Kugel sitzen? Das Reh machte einen Wiedergang. Wir fanden jetzt immer wieder frisch aufgeworfenes Laub und Bodenverwundungen im trügerischen Licht der Taschenlampe. Das könnte ein hoher Laufschuss sein...! Alles deutete darauf hin. Nach weiteren etwa sechzig Schritten bergan wieder etwas dunkler Schweiß und die Fährte ging in den nächsten Dornenverhau. Hier drin hing ich nach einigen Metern erst mal fest. Alf wurde heftiger und streifte sich, unerreichbar für mich, dummerweise die Halsung.

Belämmert-hilflos stand ich nun gebückt in den Dornen und konnte mich nur auf mein Gehör verlassen. Nach wenigen Sekunden wurde er vor mir am Stück laut, und der Bail brach hinter mir durch, wieder zurück in Richtung Waldrand. Ein kurzes Klagen und Alf gab Standlaut. So schnell wie möglich arbeitete ich mich zu Hund und Reh. Auf einer kleinen Blöße stand Alf über dem Stück, sofort zum Haltegriff bereit. An Schießen ist in einer solchen Situation logischerweise nicht zu denken, also Abfangen. Vielfach geübt, fasste ich das Reh von hinten kurz am Haupt, Alf stand immer noch drüber, und die Klinge ging hinter das Blatt in die Kammer. Ihr Drehen hatte ein sofortiges Verenden zur Folge.

Ein Vorderlauf war oben glatt durchschossen und hing nur noch an Sehnen und der Decke. Der andere war oben gestreift mit teilweise durchtrennten Muskeln. Dann zogen Alf und ich das Reh auf den Weg zum Auto, allerdings in zwei Richtungen. Stolz ließ ich ihn kurz gewähren und übergab das Stück meinem wartenden Kumpel. Er freute sich, genau wie ich, über den doch noch glücklichen Ausgang dieser Nachsuche. - Hätte ich anders vorgehen oder entscheiden sollen? Gewiss hätte man....! Es gab einige Optionen...! Für mich ging in diesem Fall der Tierschutz vor, deshalb setzte ich alles auf die eine Karte namens Alf!

Saugatter

Ende August gleichen Jahres waren wir im Schwarz-wildgatter in der Nähe von Alfs Heimat Barby an der Elbe. Zum Erstkontakt an lebenden Sauen geschnallt, besuchte Alf erst mal meine Tochter an der Zuschauer-plattform des Gatters. Wegen ihrer Schwangerschaft konnte sie nicht mit ins Gatter. Dies verstand Alf erst mal nicht so ganz, war Sina doch seine erste Bezugs-person. Angeleint lies er sich danach von mir an die Sauen heranführen. Etwas Aufmunterungsarbeit war vor dem erneuten Schnallen erforderlich. Zuerst ver-bellte er verhalten, wurde dann aber zunehmend hef-tiger und versuchte letztlich zu stellen. Die Überläu-fer brachten ihm aber gehörigen Respekt bei. Ich wusste jetzt, er will an die Sauen und ist am Wild laut! ... ist ja schon mal was!

Wenige Monate später führte ihn meine Tochter in Laubach auf der Anlagenprüfung mit gutem Erfolg!

Auf der Jahreshauptversammlung des Vereins „Ar-dennenbracke", die im Anschluss an besagte Prüfung stattfand, wurde u.a. angedacht, unsere Hunde mehr-fach im Schwarzwildgatter kontrolliert an Sauen her-an zu bringen. Erst danach sollten sie zur Prüfung zu-gelassen werden. In diesem Gedanken buchte ich einen Termin im Gatter bei Hermannsdorf in der Rhön. Mit von der Partie war auch wieder Sina, die Alf führen wollte. Super Gatter mit gutem Besatz und kompetenten Leuten vor Ort machten das Unterfangen leicht. Ich durfte als Beobachter mit in die Arena und postierte mich in der Mitte, wo ich einen recht guten Überblick hatte. Alf wurde geschnallt und ziemlich schnell war er an den vier Überläufern. Anhaltend verbellte er und bedrängte die Sauen so hart, dass sich eine aus der Rotte löste und mich, von Alf laut verfolgt, noch am Hosenbein streifte. Der Gattermeister meinte danach: „Super Hund, Prüfung wäre mit voller Punktzahl bestanden, besser ginge nicht!"

Weitere Gatterbesuche sollten folgen, zumal meine Ardennenbrackenhündin „Arry vom Weißtanneneck" die Nachfolge von „Anna" übernommen hatte. Ihr Rufname ist allerdings „Paula", benannt nach meiner Großmutter, die eine starke und allseits geschätzte Persönlichkeit im Dorf war. Auf die Frage, warum ich diese Namensänderung vor genommen hätte, lieferte ich folgende Begründung: Wenn ich dereinst in den ewigen Jagdgründen jage sind meine Hunde ebenfalls alle wieder bei mir. Da könnte dann der legendäre „Arry", mein erster Jagdhund, mir die Frage stellen, warum ich dieses grantige Weib nach ihm benannt hätte?!

Anlässlich unserer Brauchbarkeitsprüfung in Blankenhain wurde ich mit Alf Prüfungssieger und mit Paula landete ich am gleichen Tag direkt dahinter. Der Punkteverlust resultierte aus ihrer Leinenführigkeit. Im täglichen Revierbetrieb ist mein Sensibelchen meistens frei um mich herum. Warum sollte sie ausgerechnet jetzt im Stangenholz angeleint und dazu noch dicht am Stiefel gehen, nur weil da irgendwelche Leute dabei waren und das so wollten?! ... Es sind schon super selbstbewusste Hunde, unsere Bracken! Die Schweißprüfung mit Fährtenschuh als Teilprüfung zur Brauchbarkeit absolvierten aber beide am gleichen Tag hervorragend.

Nachschieben muss ich noch, dass Alf maßgeblich an der Aufzucht von „Frieda", quasi als Ersatzbache, beteiligt war. Er übernahm von der ersten gemeinsamen Stunde an das Massieren des Frischlings mittels Zunge. So ermöglichte er Frieda das Überleben. Es ist schon verwunderlich, dass ein Jagdhund mit Härtestrich „Schwarzwild" einen Frischling hingebungsvoll pflegt und aufzieht...! Auch habe ich mir im Nachhinein mal ausgemalt, wie Alf reagiert hätte, wenn er mit Frieda in Blankenhain im Übungsgatter zusammengetroffen wäre...? Wahrscheinlich hätten sie zusammen in der Suhle gelegen...!

11. Mitjäger, solche und solche...

Irgendwann zu Beginn der Bockjagd schleppte der Jagdherr einen Jungjäger an, von dem er behauptete, der Beste überhaupt zu sein und Metzgermeister wäre er auch! Also Zerwirken, Wursteln und solche Arbeiten wie Hochsitz-, Fallen-, und Waldbau, Metalltechniken oder Fliesenlegen, - alles dies wäre für dieses Energiebündel kein Problem! - und jung ist er - und voller Tatendrang! Meine innere Stimme riet mir zu erhöhter Wachsamkeit. Seine eiskalten, graublauen Augen und seine hängenden Mundwinkel zeugten von Gefühlskälte, Überheblichkeit und Ignoranz...!

Selbstverständlich bekam er ohne Vorleistung als erstes vom Chef auch einen Jährling frei. Er sollte in Richtung Jagdhütte gehen, während ich mich in einen anderen Revierteil begab. Laue Abendsonne und Mitte Mai, luden so recht zum Träumen und Sinnieren ein. Der Plan vor mir war mit zwei Hasen bestückt. Eine hoch beschlagene Geiß drückte sich äsend an dem linken Heckenstreifen herum.

Da hallte ein Schuss über das Niddertal. Naja, den Finger kriegt er krumm, so mein erster Gedanke. Dann, gar nicht mal so lange, krachte es wieder aus der gleichen Richtung. Vielleicht musste er nachschießen? - Auch gut, wir werden nachher sehen! Eine Weile vergeht - Bautz! Schuss Nummer drei !? - Na, was ist denn da los, etwa ein Krieg ausgebrochen...?

Nach Einbruch der Dunkelheit trafen wir uns, wie immer, im angemieteten Hof des Beständers am Dorfrand. Dieser hatte die Schüsse natürlich auch gehört und war ebenfalls sehr gespannt, was denn vorgefallen sein könnte. Wir tippten einvernehmlich auf Sauen, wie auch immer...!
Dann kam C. um die Ecke und schleppte einen Tragekorb wie er im Gartenbau Verwendung findet, um Unkraut zu sammeln. Dieses runde und faltbare Gefäß wurde uns mit oben beschriebener gleichgültiger Mine, man sagt dazu auch ein Gesicht wie eine bekannte Schuhmarke zum Wohlfühlen, quasi vor die Füße geworfen.

Über den Inhalt staunten wir nicht schlecht. Zuerst kam ein lauscherhoher Jährlingsgabler von vierzehn Kilo zum Vorschein. Darunter ein schwacher Knopfbock, noch im Bast, und ganz unten noch ein Jährling, waidwund erwischt, mit knapp lauscherhohen Spießchen, ebenfalls im Bast!
Naja! ... kein überschwengliches „Waidmannsheil" vom Pächter - ich war dann mal weg!

Nächste Aktion, zwei Wochen später: Früher Abendansitz dieses Herren am Storchennest. Er hatte auf diese Bockaktion nur noch ein Schmalreh frei. Bald krachte bei ihm auch ein Schuss. Nach geraumer Zeit rief mich A. zur Nachsuche mit Hexe, meiner, auf Schweiß sehr guten Terrierhündin. Am Anschuss angelangt, schaute ich mich ungläubig aber stillschweigend um, ob ich denn im falschen Film wäre oder ob mich ein Pferd getreten hätte. Die Kanzel mit dem Namen Storchennest, von welcher aus geschossen wurde, war 263 m entfernt. Ich hatte es später mit Entfernungsmesser ermittelt, mehrfach kontrolliert und überprüft.

Der Anschuss zeigte mir einen vermutlichen Keulentreffer mit Knochensplittern und dunklem Wildbretschweiß. Die Krankfährte stand in Richtung Nachbarrevier. Dies war für Hexe und mich eine Nummer zu groß, zumal die Terrierdame in die Jahre gekommen war. Unser Revierförster, als anerkannter Schweißhundeführer zur Grenzüberschreitung befugt, war schnell zur Stelle. Wegen der voraussichtlichen Hetze hatte er seine beiden Tiroler Bracken dabei. Nach einem Stück Riemenarbeit wurde am frischen Wundbett im Fichtenaltholz der Feuersteinäcker geschnallt. Der Bail ging über die Grenze. Im anschließenden Jungwald der Nachbarjagd zog die alte Hündin den Bock nieder und tat ihn ab. Die Hetze ging ungefähr 250 Meter weit. Auf der Strecke lag ein Jährlingsbock mit lauscherhohen, kräftigen Spießen im Bast mit einem grässlichen Keulenschuss. ...soviel zu dem freigegebenen Schmalreh!

Einen Bock hatte C. nicht mehr frei, war doch der

Abschussplan schon ziemlich ausgereizt. Auch dieser Weitschuss war unverantwortlich. Wenn das Stück krank gewesen wäre, hätte man es noch irgendwie rechtfertigen können, aber so!? ... Wieder mal ein „Naja!" von A.

Eine gute Sitte, abendländisch üblich und höflich ist es, sich zu bedanken und dem Hundeführer einen Obolus zukommen zu lassen. Damals waren 50,- DM und ein Schlückchen „Irgendwas" eigentlich normal. Von C. kam nur höhnisches Gelächter: „Der soll doch froh sein, wenn seine Hunde Arbeit haben!"

Aber damit noch nicht genug! Was darf man sich erlauben, bevor ein „großer, weltmännischer Jagdherr" mal etwas sagt. Normalerweise, also vor der Aera C., ging zwischen A. und mich jagdlich kein Blatt Papier, wie man so schön sagt. Ich schwieg zu den oben genannten Vorfällen und beobachtete ruhig abwartend nach Jägerart. A. wusste aber genau, wie ich dachte und urteilte, hatten wir doch im Jahr vorher einen ähnlich gelagerten Fall fair gelöst. Dazu aber mehr an anderer Stelle!

Am Buß- und Bettag veranstaltet Hessenforst im „Hillersch" die alljährliche revierübergreifende Bewegungsjagd. Bei über 180 Beteiligten rundum ist korrekte Planung und Absprache absolut wichtig und nötig, fliegt doch das Blei tief. Auch sind in dem steinigen und mit Findlingen durchsetzten Gelände Querschläger zu bedenken. Es ist schon Generalstabsarbeit, und fast für jeden Stand sind bestimmte Auflagen und Sicherheitshinweise zwingend erforderlich. A. drückte sich gerne vor solcher Verantwortung, und so wurde mir als bestätigter Jagdaufseher die Jagdleitung ausdrücklich für diesen Tag übertragen. Sämtliche Details sprach ich mit dem Jagdleiter von Hessenforst, unserem Revierförster, ab und legte Schusszonen, soweit erforderlich, fest. Jagdgäste und Freunde von uns freuten sich schon lange vorher auf diese Jagd, war sie doch immer spannend und oft ergiebig an Sau und gelegentlich auch Rotwild.

Gemäß Absprache und dem Vorschlag des Chefs nahm er C. mit an die oberen Fernwechsel und ich stellte die Korona unten am Mittelweg ab. Genaue Vorgaben, die Schussrichtung betreffend, gab ich vor Ort. Jeder Schütze war somit bestens informiert. Als Ansteller besetzte ich natürlich den letzten Stand an der westlichen Grenze, dem sogenannten Dreiländereck. Die Jagd verlief gut und bei uns fielen auch einige Schüsse.

Nach dem Abblasen sammelte ich meine Leute in umgekehrter Reihenfolge ein und ließ mir die Vorkommnisse am Stand berichten. Freudestrahlend kam mir auch Rüdiger ein paar Schritte entgegen. Seine erste Sau überhaupt lag unweit des Anschusses. Nach einem herzlichen Waidmannsheil bemerkte ich aber, dass ihn etwas bedrückte. Auf mein Drängen hin meinte er schließlich, C. wäre bei ihm gewesen und habe gesagt, er sitze hier oben über ihm, auch hätte er dann dort eine Sau geschossen ... in seine Richtung ...! ...es flutschte hinter ihm im Geäst...! Mir entgleisten sämtliche Gesichtszüge. Leichenblässe wechselte mit Purpurröte im raschen Wechsel und die Haare standen mir sprichwörtlich zu Berge, als mir dämmerte, was geschehen war:

C. hatte im Novemberdunst, eigentlich Nebel, seinen, vom Beständer eigens angeordneten, Stand verlassen, war an drei Jagdgästen von uns vorbeigelaufen, hatte keine Signalkleidung an, kroch durch die Dickung zu Rüdiger und sagte ihm, er säße hinter ihm auf der Waschbärkanzel. Dieser Hochsitz war für diese Jagd und für die Zukunft der Sicherheit wegen absolut gesperrt. Außerdem hatte ich an dem unsicheren Objekt extra noch Sprossen entfernt. Auch schoss er von da oben eine Sau nachdem er sich hoch gehangelt hatte und gefährdete damit mindestens zwei weitere Jäger! Normalerweise hätte der gestandene Zimmermann Friedel Nickel einen solchen gravierenden Verstoß gegen geltendes Recht, Sicherheitsgebote und Absprachen mit einer Dachlatte bereinigt, aber die Beherrschung siegte. Am Streckenplatz nahm ich mir C. kraft meines Amtes zur Seite und meinte unter vier Augen höflich aber bestimmt, er sollte seine Sachen nehmen und klammheimlich verschwinden. Alles Weitere wäre am nachfolgenden Tag zu regeln. Wieder kam nur höhnisches Gelächter von ihm. Kurze

Zeit später war auch der Jagdherr von seinem entfernten Stand eingetroffen. Er und alle Gäste wussten jetzt um den Vorfall und ich forderte C. erneut im Beisein des Chefs kraft meins Amtes als verantwortlicher Jagdleiter laut und deutlich auf, zu gehen. Jetzt kam aber kein Hohn, sondern der Spruch von ihm: „Wieso ich denn, geh doch du!" Die Gesichter der umstehenden Jäger sprachen Bände. Nur A. hüllte sich in Schweigen und wandte sich ab. ...Rückgrat / Labilität ...?

Nach einer „Sekunde" des betroffenen Abwartens und Schweigens aller Umstehenden auf ein klärendes Wort des Jagdherren schulterte ich die Waffe, verabschiedete mich mit den Worten: „Waidmannsheil, die Damen, die Herren!" legte zwei Finger an den Hut und ging! ... auch aus meiner Stellung!

Danach fielen das Streckeverblasen und das Schüsseltreiben im Gasthaus trotz Vorbestellung aus. Zwei Mitjäger gaben eine Woche später ihre Begehungsscheine ab und nach weiteren zwei Jahren schlich sich A. aus dem Pachtvertrag, indem er einfach keinen Jagdschein mehr löste. In diesem Dörfchen hinterließ er erhebliche Schulden aus Jagdpacht, Löhnen, Wildschäden und Mieten. - Vorbei war es mit dem weltmännisch-großspurigen Spruch: „Gehen wir doch einfach jagen!"

Erwähnenswert ist noch, dass der Großvater dieses oben angeführten Jungjägers ein skrupelloser Jäger, Schießer und Wilderer war, der unter vielem anderem auch einmal anlässlich einer Drückjagd einen, von ihm widerrechtlich geschossenen, jungen Hirsch einfach in seinen VW packte und mit der Beute nach Hause fuhr. Er hatte den Beifahrersitz dazu ausgebaut und an seinem Stand liegen lassen. Die Folge war eine Verurteilung und der Entzug des Jagdscheines.

Viele Jahre danach wurde ich dann mit einem Freund Pächter dieses schönen Vogelsbergreviers. Aber das ist eine andere Geschichte, die ich gerne und auch mit ein wenig Stolz an anderer Stelle in der Hoffnung erzähle, dass unser Jagdfriede weder durch Jagdneid, Missgunst, Böswilligkeit oder „Was-auch-immer" gestört wird! ..... Meine „Blauäugigkeit" sollte sich aber erneut bitter rächen...!

Jägerlatein

Wem das Herz voll ist, dem läuft der Mund über. Dabei mogelt sich auch immer, je nach Veranlagung und Witz, die eine oder andere Übertreibung, je nach Sichtweise, in die Erzählung mit ein. Ich nenne das einfach in meinen Geschichten „Künstlerische Freiheit!" und nicht Jägerlatein!

Freitagabend, stinknormale Orchesterprobe unseres Musikvereines. Nach über zwei Stunden konzertanten

Übens lechzt Kehle und Seele nach einem guten Schluck, sei es Weizenbier, Pils, Apfelwein oder deftiges Schwarzbier, oftmals auch gepaart mit diversen hochprozentigen Auszügen oder Destillaten heimischer Obstsorten. Ein Horn-Kollege, zwar etwas kleinwüchsig und trotz starker Gehbehinderung auch Jäger, war mit von der Partie. Früher war er gelegentlich in verschiedenen Revieren mein Gast, wo ich ihn meist so platzierte, dass er seinen Jimny unter dem Sitz stehen lassen, oder er auch mal im Auto auf Sauen warten konnte.

Hin und wieder bogen sich dann nach der Probe die Balken über der Theke, so blümerant waren die jagdlichen Ausführungen beiderseits. Irgendwann erzählte uns der kleine Hornist anlässlich einer solcher Gelegenheit, dass er kürzlich, es lagen ungefähr fünfzehn Zentimeter Schnee, in einem Vogelsbergrevier zum Sauenansitz eingeladen war. Dass der dortige Jagdaufseher Schorsch und ich gemeinsam Lehrgang und Prüfung zur Bestätigung gemacht hatten und wir uns seit ewigen Zeiten gut kannten, wusste er aber nicht.

Nun zur Erzählung: D. wurde in die Nähe des Sitzes gefahren. Gute hundert Meter trennten ihn noch von der relativ hohen und geschlossenen Kanzel. Aufgerödelt mit Ansitzsack, Waffe und Thermosflasche machte er sich auf den Weg, was eigentlich bei dieser Schneehöhe, gepaart mit seiner Behinderung und der Belastung, für ihn kaum möglich gewesen sein konnte. Aber es sollte noch besser kommen! Auf halbem Weg bemerkte er Sauen an der Kirrung. Hinknien und schießen ist das Gebot der Stunde. Aber die Wutzies verzogen sich wieder ins Unterholz rechter Hand. So kam er nicht zu Schuss. Zu laut knirschte jetzt aber der Schnee unter den Sohlen beim Weitergehen. Also, Stiefel aus! Im Ansitzsack kann man ja auch die Strümpfe ausziehen wenn sie nass geworden sind!

Der Kollege bezog leise und ohne Schuhe die hohe Kanzel. Oben noch nicht richtig fertig, waren die Sauen schon wieder da! Das leise Angehen sollte sich lohnen! … Bautz! Eine lag nach kurzer Flucht in Hochsitznähe. Sitzen bleiben, so die Devise! Tatsächlich kam die Frischlingsrotte geraume Zeit später wieder. Sie hatten wahrscheinlich ihre Vollzähligkeit nicht überprüft! - Bautz! - Der nächste Frosch lag im Knall! - Super! - Riesenfreude! Warten wir noch das verabredete Stündchen, genießen das Mondlicht und die herrliche Winternacht...!

Ein schwarzer Klumpen schob sich etwas später von links heran - Sau! - lass´se kommen - Bautz! Auch sie färbte nach kurzer Todesflucht den Schnee! Himmelherrgott, was für ein Dusel!

Schorsch staunte nicht schlecht, als er die Strecke seines Gastes begutachtete. Aber Aufbrechen musste der Jagdaufseher, denn der Erleger ist aufgrund seiner Behinderung dazu nicht in der Lage ...und war natürlich auch zu aufgeregt...! Aber das macht man ja gerne. Es verging dann später noch eine geraume Zeit in der warmen Jagdhütte, bis auch das letzte Zucken der drei Sauen im klaren Destillat ertränkt war.

Auch bei dieser Erzählung an der Theke flossen einige Williams durch die rauen Kehlen. Kräftig wurde mit links angestoßen und das umstehende Publikum mit einbezogen. Horn III war der absolute Mittelpunkt bis in die späten Nachtstunden. Er musste sogar abgeholt werden, und sein Auto blieb stehen. Wir anderen hatten ja ein Heimspiel!

Einige Monate später, im darauf folgenden Spätherbst, fragte mich Schorsch, ob wir mal mit meiner Hexe in seinem Vogelsbergrevier an die Kunstbaue gehen könnten. Natürlich wollten wir. Auf der Fahrt dahin erzählte ich ihm die Story von D. eher nebenbei, hatten wir es doch mit den Füchsen und mit vergangenen Lehrgangstagen. Er nickte nur beiläufig mit Blick auf die Straße und einem Grinsen im Gesicht.

Nach Ankunft im Revier, noch vor der Baujagd, wollten wir den Ofen der Hütte anheizen. Dabei zeigte mir Schorsch ein Foto, gerahmt in der Hütte hängend, auf dem er mit drei Sauen im Schnee kniend posierte.

Das Datum auf der Rückseite war identisch mit der Erzählung an der Theke nach der Probe! - Nicht unser Hornist, sondern Schorsch hatte das erlebt, erlegt und irgendwo erzählt, wo auch der Kleine anwesend war. Ob auch sämtliche Einzelheiten den Tatsachen entsprechen, hängt ebenfalls in der Luft.

Mittlerweile und viel zu früh deckt ihn die kühle Erde. Zu seinem Abschied spielten der Hornsatz unseres Orchesters dem Jäger das „Große Halali" auf unseren Waldhörnern fünfstimmig, ein hervorragendes Spezialarrangement unseres Hornkollegen Jürgen!

„Fuchssprengen!!"

Als junger Zimmermann arbeitete ich in einem Holzwerk erstmalig an einer Abbundanlage. Wir stellten Wochenendhäuser mit Rundholzoptik in Serienfertigung her. Nach kurzer Einarbeitungszeit ging mir die Arbeit recht flott von der Hand und der Laden lief, wie man so schön sagt. Der Chef des Unternehmens war Jäger und hatte in der Nähe ein Revier langfristig gepachtet. Sein Jagdhaus war feudal auf einem riesigen Grundstück am Waldrand und es fehlte an nichts. Sogar eine eigene Fasanerie wurde zu dem Zweck betrieben, Fasane auszuwildern, genannt Niederwildhege! ...(spätere Erkenntnis) um sie dann im Herbst zu erlegen! … Jagdaufseher und Macher, oder besser gesagt: Vasall, war der technische Betriebsleiter eben dieses Holzwerkes. Es blieb ihm und dem Chef natürlich nicht verborgen, dass ich jagdlich sehr interessiert war.

Zu dieser Zeit führte ich neben Arry auch noch meinen Rauhaarteckel Nicki. Mit Nicki hatte ich schon öfters an Naturbauen gearbeitet, und es kamen auch einige Füchse zur Strecke. Jägerprüfung hatte ich noch nicht, und so konnte ich mich voll der Bauarbeit meines Teckels widmen.

Eines Tages wurde ich von der Firmenleitung gebeten, am kommenden Samstag mit Nicki zum Fuchssprengen in das besagte Revier zu kommen. An einem Mutterbau nahe einer Fichtenschonung wollten wir Jungfüchse graben. Dies war damals eine gängige Methode, die Fuchspopulation niedrig zu halten, Niederwild zu hegen und der grassierenden Tollwut Herr zu werden. Außerdem wollte er seine Fasane besonders schützen! Vielleicht bringt mir mein jagdlicher Einsatz mit Nicki aber auch eine Stufe nach oben auf der Karriereteppe!? ...schauen wir mal!

Vor Ort schliefte Nicki ein und war auch bald am Fuchs heftig laut. Auf dem Bau war es wahrscheinlich zu laut gewesen. Die Fähe samt Geheck steckten sich darum wohl fest. Unverrichteter Dinge gab Nicki irgendwann auf und kam zum Reinigen und Anleinen ans Tageslicht.

Ich dachte, die Jagd wäre beendet und hoffte noch auf ein Getränk. Weit gefehlt. Es wurden 2 Kanister Benzin in die Röhren gekippt und eine kurze Zeit gewartet, bis sich Benzindämpfe entwickelten. Mit den Worten: „Geh mal weg!" wurde ein brennender Grasbüschel in die Röhre geworfen und der ganze Bau explodierte förmlich. Ich war sprach- und fassungslos. Dies alles wegen der schnöden Fasanenjagd, der Protzerei gegenüber „wichtigen" Gästen? ... Dies ist kein Jagen, das ist eine Schande der Kreatur und der Schöpfung gegenüber. In der folgenden Woche gab ich meine Kündigung bei der Betriebsleitung ab.

Mit diesem Betriebsleiter und dessen Sohn hatte ich in meinen nachfolgenden Jägerjahren anderenorts noch das eine oder andere negative Erlebnis. Die Welt ist nur ein Dach!

Unglaublich

Ein Mensch, der nie zu meinen Mitjägern, geschweige denn Freunden zählte, soll aber hier besondere Erwähnung finden. Zur Jagd kam er nur, weil sein damaliger Schwiegervater Jäger und Revierpächter war und er auch dadurch eine große Vereinslobby hinter sich hatte. Bei der Jägerprüfung fiel er zwar zweimal durch, bezeichnete sich aber erhaben als „Rüdemann", weil er sich einen fertigen DD für sehr viel

Geld gekauft hatte. Er führte noble Waffen aus Ferlach, hatte nie eine echte Beziehung zu Hunden und zur damaligen Zeit als Revierfahrzeug einen grünen VW-Bus. Soviel zur Einleitung!

Ich hatte einen Wurf Rauhaarteckel gezogen. Es waren sechs Welpen, zwei dunkel saufarben, zwei schwarz mit roten Brand und zwei Schecken. Einen der Schecken, meinen Dachs, behielt ich für mich. Die anderen, außer Purzel, gingen in Jägerhände und wurden mit Erfolg und Familienanschluss geführt. Purzel kam ins Nachbardorf zu einem kinderlosen Ehepaar. Diese neuen Teckelbesitzer weilten öfters im Urlaub oder im Ausland. In dieser Zeit nahmen wir dann Purzel, gemäß Absprache bei der Welpenabgabe, gerne in Obhut.

So auch einmal im Sommer zur Kirschenreife. An einem Sonntagnachmittag bei schönstem Wetter packten wir unsere Tochter in den Sportwagen und wollten zum Kirschennaschen auf Opas Obstbaumstück über dem Schwalbengrund. Dachs und Purzel waren gerade mal zehn Monate alt und mit von der Partie. Auf dem Weg dahin gewahrten wir einen Hasen, der vom Wegrand in einen angrenzenden Maisacker schlüpfte. Ungefähr hundert Meter weiter oben hoppelte er aus dem Feld, ging durch das hohe Gras am Wegrand und verschwand auf dem Grasweg gegenüber aus unseren Augen. Jagdteckel ohne Spurlaut gibt es nicht! Dieses galt es nun bei dieser günstigen Gelegenheit zu überprüfen, etwas illegal zwar, aber jeder anständige Jäger hätte doch dafür Verständnis und würde sich über den Laut der kurzläufigen und hoffnungsvollen Jugend am Hasen freuen! Mit diesem Gedanken schnallte ich die beiden Jungspunde und brachte sie auf Meister Lampes Spur. Das klappte wie vorgesehen. Erst zögerlich, dann bestimmt und sich gegenseitig anfeuernd, hielten beide laut die Spur im Mais. Ich konnte sie, als sie am oberen Ende des Ackers wieder sichtbar waren, hocherfreut abrufen.

Unten von der Mühle her brauste zwischenzeitlich der besagte, dunkelgrüne Bus den asphaltierten Feldweg hoch und bremste scharf neben dem Kinderwagen. Heraus sprang dieser Grüngewandete von Hubertus Gnaden mit aschgrauem Faltengesicht und schrie uns grußlos an, was das sollte, meine Hunde hätten gehetzt und würden wildern! Ziemlich perplex sammelte ich mich erst mal und entgegnete im freundlichen Ton, er müsse doch als Jäger und Hundemann Spaß an dieser Teckelarbeit haben und außerdem seien sie ja im Einwirkungsbereich ihres Herren. Dieses Gesetzeszitat war wohl zu viel für diesen jähzornigen Möchtegernjäger, welcher sich momentan als Richter über Leben und Tod aufspielte. Bei laufendem Motor, vor lauter Rage hatte er das Abstellen vergessen, riss er den Drilling aus der Halterung und stopfte ihn vor unseren Augen. Die Läufe zeigten beim Zuklappen in Richtung Kinderwagen! Unter Fluchen, Drohen und mit den Worten: „Die schieß ich jetzt ab!" suchte er mit vorgehaltener Waffe das Gelände und den Grasweg weiter vorne nach meinen Hunden ab. Dabei entfernte er sich natürlich relativ weit von uns. Ihm hatten vor lauter Jähzorn sämtliche Synapsen im Hirn dicht gemacht. Deshalb war ihm wohl entgangen, dass beide Dackel auf mein vorheriges Rufen auf ihrer Spur durch den Mais wieder zu uns kamen, brav am Ackerrain Sitz machten und sich anleinen ließen, als er weg war.

Wir konnten nicht so recht glauben, was da momentan über uns niedergeprasselt war und gingen mit Sportwagen und Hunden zu den nahegelegenen Kirschbäumen. Irgendwie war uns der Appetit auf Süßkirschen aber vergangen...! Wir harrten der Dinge, die da kommen sollten. Einen Knüppel stellte ich schon mal in Reichweite. Eigentlich hätte ich vorher in das laufende Fahrzeug einen Gang einlegen und es führerlos den Abhang runter fahren lassen sollen...!

Nach einer Weile kam dieser Tunichtgut wieder zu uns und stellte sich mit entsicherter Waffe neben uns. Deutlich sah ich den nach vorne stehenden Sicherungsknopf mit dem roten Punkt dahinter! Er wolle warten, bis die Hunde wieder in meinen „Einwirkungsbereich" kämen, so seine Häme! Nach längerem, eisigen Schweigen nebeneinander bemerkte er endlich die angeleinten Teckel, brav am Kinderwagen sitzend. Jetzt wurde er kleinlaut. Am liebsten hätte ich ihm den Drilling auf seinem Kopf demoliert, sagte ihm aber nur in der mir eigenen, sehr feinen und sensiblen Art, dass er der größte A...... sei, welcher jemals Gottes Erdenrund betreten hätte, und dass bei seiner Geburt das Gute entsorgt und statt dessen die Nachgeburt aufgezogen wurde. Geduckt und mit eingekniffenem Schwanz suchte er ohne Entschuldigung das Weite.

Ich brachte das Erlebte damals nicht zur Anzeige und auch den Heister nicht zum Einsatz, was ich im Nachhinein sehr bedauere. Einigen Menschen hätte ich in den Folgejahren dadurch sehr viel Leid ersparen können!

Die Falle

Kurt, mein väterlicher Freund und langjähriger Mitarbeiter meiner kleinen, nebenberuflichen Zimmerei, war ebenso wie ich, kein Kind von Traurigkeit. Intelligent und im Hauptberuf Landwirt, half er mir einige Jahre beim Abbinden und Richten von Fachwerk und Dachstühlen. Für uns gehörten Jagen, Landwirtschaft, Vereinsleben und die Zimmerei zum Alltag im Dörfchen. Auch eine gewisse Beschaulichkeit mit viel Humor, fein oder manchmal etwas derber, war stets mit dabei. Kurt half ebenfalls den einen oder anderen Hochsitz zu bauen oder war auch hin und wieder beim Beschicken der Kirrungen zugegen. Er hatte seinen Hof am Ortsrand zur Nidder und den Mühlwiesen hin, lediglich getrennt durch die Gleise des „Stockheimer Lieschens". Im Hausgarten hinter der Scheune scharrten die Hühner in ihrem Pferch und gaggerten sorglos in den Tag hinein.

Alles wäre gut und in bester Ordnung gewesen, wenn da nicht auch ein Marder Wind von dem Federvieh bekommen hätte! Nach enormem Eierdiebstahl und dem zweiten Hennenriss mit vielen Federn im Stall meinte Kurt, dass man dem Übertäter endlich das Handwerk legen sollte. Eilends wurde eine Drahtfalle für den Lebendfang von Erich ausgeliehen, am geeigneten Standort gut verblendet und mit einem Hühnerei und Rosinen beködert. Zwei, drei Tage geschah nichts, aber dann...!

An einem Samstag, wir waren im Dorf beim Richten eines kleinen Dachstuhles, kam Kurts Gattin mit dem Fahrrad zu uns und meinte im gemütlichem, melodischem Dialekt: „Kuud, do is ebbes in de Fall!" ... Alarmstufe rot! Die Bauleute wurden eilends frühstücken geschickt, während Kurt und ich die Falle im Garten in Augenschein nahmen. Ein Jungsteinmarder lugte unter der Abdeckung hervor. Die gesamte Nachbarschaft hatte sich mittlerweile aufgrund der Buschtrommeln um die Falle versammelt und bestaunte den Fang.

Auf Hühnermord und Eierstehlen stand natürlich die Todesstrafe! Die Nachbarsleute verzogen sich, denn dieses grausame Ritual wollten sie sich und ihren staunenden Kindern nicht antun. Kurt hatte unterdessen ebenfalls den Fangplatz verlassen und war nach oben ins Schlafzimmer geeilt. Im Kleiderschrank stand sein Flobert nebst der zugehörigen Munition, was damals völlig normal war. Nach dem obligatorischen Probeschuss auf das Scheunentor wurde mir die Waffe korrekt und mit geöffnetem Schloss nebst Munition übergeben. Die Exekution sollte ich dann ausführen!

Im Lauf der nächsten Wochen fingen sich noch drei Jungmarder. Dann kehrte Ruhe ein. Die Falle war aber stets beködert und fangbereit. Mehrfaches tägliches Kontrollieren aus der Ferne war Ehrensache. Eines Morgens war die Falle zu und man konnte man hinter der Abdunkelung ein seltsames Wesen entdecken. Das Fell mutete etwas fremdartig an. Auch bewegte sich das Vieh kaum. Kurt fasste sich ein Herz und entfernte die Verblendung vollends. Das eigenartige Etwas entpuppte sich als Plüschhase mit rosa Pfötchen und einem ebensolchen Näschen aus dem Spielzeugfundus meiner Tochter! Natürlich wurde Nachbar Armin für den Streich verantwortlich gemacht. Einige Tage später rehabilitierte ich dann den Unschuldigen! Gelacht wird aber heute noch über diese Aktion!

Weihnachtsbär

Die Fangjagd auf eigenem Grundstück unterliegt eigenen Gesetzen. Daher ist es erlaubt im Rahmen des Tierschutzes irgendwelches „Schadwild" lebend zu fangen, wenn bestimmte gesetzliche Voraussetzungen erfüllt sind. So hatte ein befreundeter Pfarrer erhebliche Probleme mit den Waschbären innerhalb seines, am Ortsrand einer Nachbargemeinde gelegenen, Wohnhauses. Die Biester verwüsteten und verkoteten ihm den gesamten Dachboden inklusive der Wärmedämmung. Urinalsteine zur Verstänkerung, auf Brettchen ausgelegt, halfen nur kurzzeitig.

Bei diversen Anbietern wurde als Notnagel eine Kastenfalle geordert. Auf mein Anraten hin kamen Nutellabrötchen und Gummibärchen als Beköderung zum Einsatz. Schon nach wenigen Tagen stellte sich der Fangerfolg ein. Ein Jungbär schaute uns durch das Gitter der Falle skeptisch an. Was nun/tun? ... Der Bär hatte Schonzeit, also entfiel der finale Schrotschuss. Ihn in die Freiheit zu entlassen, wäre einem Aussetzen gleichgekommen; also ebenfalls gesetzeswidrig. Über allem stand als Damoklesschwert der Entzug des Jagdscheines!..... Der gesunde Menschenverstand wurde damals der Verordnung, von wem auch immer erlassen, übergeordnet!

Ich hatte Wochen vorher in einem Leserbrief zu diesem Thema im regionalen Kreisblättchen auf diese allgemeine Problematik hingewiesen und dringend empfohlen, die gefangenen Waschbären im hessischen Landtag in Wiesbaden abzugeben! Viele positive Anrufe und Beifallsbekundungen erreichten mich, sie änderten aber nichts an dem verzwickten und irrsinnigen Tatbestand. Die allerdings während der Jagdzeit gefangenen Zorros und Onkel Sams waren kein Problem und wurden legal und bleischwer auf die Himmelsleiter gesetzt!

Dann kam irgendwann der erste Weihnachtsfeiertag. Das Haus des Pfarrers i.R. war gefüllt mit seinen erwachsenen Kindern und den Enkeln. „Hilfe, ein Waschbär in der Falle, kannst du kommen?", so sein Anruf. Natürlich kam ich und packte die Kastenfalle samt Inhalt auf den Wildträger. Mit dem Hinweis auf das christliche Fest und einem etwas verklärtem Blick verließ ich sein Anwesen. Zwei Tage später brachte ich die leere Falle zurück. Auf seine Frage hin antwortete ich ihm wahrheitsgemäß, ich hätte die Falle geöffnet, ...den Bären aber nicht getötet, sondern ihn bei „Freunden" abgeliefert! ...

Schürzenjagd

Einfach unglaublich, welche amourösen Auswüchse das Leben so treibt. Ein Jagdfreund mittleren Alters, X, nahm öfters einen jagdlich sehr interessierten Herren mit zum Ansitz. Ihn nenne ich Y. Nach einer gewissen Eingewöhnungszeit wurde Y auch alleine zur Wildbeobachtung und Bestätigung mit teurem Fernglas angesetzt. Natürlich fuhr man, der Spritkosten wegen, gemeinsam im dicken Mercedes von X ins entfernter gelegene Revier. Nach dem Ansitzen und

Jagen wurde Y von X wieder am vereinbarten Treff-punkt abgeholt und nach Hause gekarrt. Höflich wur-de sich dort verabschiedet, gelegentlich sich auch ein Schlückchen oder Häppchen einverleibt und der nächste Ansitztermin im Beisein der attraktiven Ge-mahlin von Y ausgemacht. Sehr löblich und höflich bis dahin.

X kannte ich als brummiges, eher allein jagendes In-dividuum. Auch war er nicht besonders attraktiv. Es dauerte aber doch eine ganze Weile bis nach und nach die Erkenntnis in mir reifte, warum X ein solches, mir erst mal unverständliches, weil großherziges Ge-baren an den Tag legte: Y wurde im Wald ab- und an-gesetzt und X frönte während seines angeblichen An-sitzes einvernehmlich der Minne mit der Gattin des Gehörnten. Ungestörte Zweisamkeit...!

Nach der später folgenden, unausweichlichen Schei-dung von Y und seiner vollbusigen Holden wurden die Liebenden augenscheinlich ein glückliches Paar. Ob die Dame aber jemals eine Schürze trug, entzieht sich meiner Kenntnis.

Rache

Eine langjährige Jagdfreundschaft verbindet mich mit Auguste. Immer wieder mal treffen wir uns anlässlich der verschiedensten jagdlichen Aktivitäten. So auch auf einer Bewegungsjagd am südlichen Vogelsbergrand. Auguste und ich gehörten zur Treiberwehr und waren als Hundeführer zufällig in der gleichen Gruppe. In einer Jagdpause standen wir zusammen und natürlich wurden Erlebnisse zum Besten gegeben. So erzählte sie, dass sie im zarten Mädchenalter von rund vierzehn Jahren aus irgendwelchen familiären oder erzieherischen Gründen nicht an einer Gesellschaftsjagd in Form einer Suchjagd im Niederwildrevier ihres Vaters teilnehmen durfte. Jagdverbot! ... Empört schmollte sie und sann auf Rache.

Im Jägerhaushalt ihrer Familie befand sich zu dieser Zeit auch eine Teckeldame mit dicker roter Schnalle, die heftig färbte, d.h. diese Hündin war in der Hitze. Die rachsüchtige und pupertierende Göre sammelte mit einem Kehrblech und einem Hölzchen den Urin dieser ständig markierenden Dackeldame. Die grüngewandtete Korona war zum zweiten Frühstück im Hause versammelt und hatte nach dem Gebot der Höflichkeit die Stiefel auf der Eingangstreppe abgestellt. Auguste holte sich aus der Werkstatt einen Pinsel, mit dem sie die Stiefelränder mit dem gesammelten, für Rüden hervorragend riechenden, Lockstoff bestrich!.... Lebhaft kann sich der Insider das Drama der Hundearbeit bei der anschließenden Jagd auf Hase, Fasan und Rebhuhn vorstellen....

12. Drücken und Treiben

Eigentlich bin ich gar nicht so der Drückjagdfan, aber oftmals komme ich nicht umhin, auch in dieser Form zu jagen. Man wird eingeladen und auch gebraucht, der üppigen Sauenpopulation und des Wildschadens wegen. Von meiner ersten bewaffneten Drückjagd erzählte ich schon im Zusammenhang mit Emil vom Finkenloch. Die relativ gefährlichen und spontanen Erntejagden oder Maisdrücker gehören ebenfalls zu diesem Thema. Wir sollten doch unseren Bauern und Jagdgenossen zeigen, dass wir nicht untätig sind und die Sache ernst nehmen!

Alteburg 2015

Unsere erste Drückjagd im neuen Revier zeigte dem Chef oder den anderen und relativ unerfahrenen Mitjägern, wie wichtig eine akribische Vorbereitung für ein solches Unterfangen ist, bei dem auch noch zum Zwecke des Erlegens „scharf" geschossen wird und demzufolge das „Blei" tief fliegt. Viele Gespräche, Aussuchen, Abgehen und Markieren der Stände, Erstellen von Karten und Gästelisten, dabei Gefahrenpotenziale finden, viele Male im Kopf durchgehen, welcher Schütze steht wo, ist er auch körperlich befähigt, das Gelände zu meistern, all das gehört dazu. Die Launen des Wetters, der Hunde, die Tagesform eines jeden, und natürlich: ist denn überhaupt jagdbares Wild im Treiben? ... gehören zu der Unwägbaren mit Namen Diana, die Launische!

Und dann kam der große Tag! Wie schrieb Hermann Löns: „Sie zogen aus zu Hunderten, bis an die Zähne bewaffnet ...!" Wir waren 45 Schützen plus Hundemeute nebst Führer, Treiber und „Bodenpersonal" für Feuer und Verpflegung. Einige Wochen vorher hatten wir vorsorglich auf der Alteburg Ruhe gehalten. Eigentlich sollte alles klappen. Nach einem deftigen Gute-Laune-Frühstück a la Eddi aus dem Frankenland zogen die Ansteller mit ihren Trupps los.

So auch ich! Alf hatte ich für alle Fälle am Riemen mit dabei. Paula war noch zu jung und musste zuhause auf Frauchen aufpassen. In der Nähe vom „Storchennest" vergatterte ich meine Truppe pflichtgemäß zu Disziplin und Ruhe. In dieses Prozedere kam verhaltenes Kichern und gedämpftes Gelächter auf. Alf hatte bei einem Jagdgast, der wie aus dem Ei gepellt aussah, an und in den Stiefel markiert! Köstlich, der verklärte Gesichtsausdruck dieses Jünglings ob der warmen Wade! Aber die Zeit drängte. Zielstrebig, aber nicht übereilt schickte ich die Schützen in Zeichensprache zum Stand. Beiderseitiges Nicken und zwei Finger an die Hutkrempe bedeutete „Verstanden und Waidmannsheil".

Alle Stände auf der Grenzschneise waren eingenommen. Ich hatte auch meinen Platz, die Nummer 13, erreicht, Alf gerade neben mir an einem Stämmchen festgemacht, die Waffe noch unterladen in zwei Meter Entfernung an eine Buche angelehnt und den Rucksack nach hinten abgleiten lassen. Just in der Sekunde, als ich mich gefesselterweise aus den Riemen befreien wollte, kamen zwischen Sascha und mir sechs Sauen im deftigen Schweinsgalopp von rückwärts aus dem Nachbarrevier zu uns in das Treiben. Entfernung zu mir höchstens 15 Meter! Sascha hatte das Spielchen gar nicht mitgekriegt, da auch er noch mit seinem Gehörschutz zu kämpfen und den Blick talwärts gerichtet hatte. Die Wutzchens beschrieben einen Bogen um mich herum und verschwanden wieder nach hinten zum Nachbarn! Der Spuk dauerte keine zehn Sekunden! Die Dankesgebete, tonlos vorgebracht, in welcher Sprache auch immer, kann man sich lebhaft vorstellen! Ansonsten klappte aber, dank guter Planung, alles hervorragend.

Insgesamt erlegten wir auf dieser Jagd vier Sauen, zwei Füchse und eine alte Geiß. Der „markierte" Jüngling erlegte auch eines der Schweinchen. - Glücksbringer Alf!

2016

Ungefähr gleicher Ablauf wie im Vorjahr, etwas anders von der Standeinteilung, aber wieder sehr professionell. Ich stellte wieder die Grenzschneise von Südwesten her bis zum Alteburgkreuz ab. Gerade erst an meiner 13 angekommen, aber diesmal fertig, kamen mir schon die ersten Sauen, jetzt von uns oben, und wollten wieder auf bekanntem Wechsel zum Nachbarn rüber. Zwei überlebten dieses Unterfangen nicht. Rundum knallte es und jedem kam Wild zumindest in Anblick. Zwölf Sauen, drei Rehe und zwei Füchse lagen auf der Strecke. Hier gab es nur eine Totsuche von 70 Metern und zwei Kontrollsuchen von Profis, die beide Fehlschüsse bestätigten.

2017

Gleiches Spielchen! Noch ausgefeilter! Monate vorher Bejagungsverbot auf der Alteburg! Strecke: eine zerschossene Sau, sechs Rehe und einen Fuchs! Man steckt halt nicht drin! - Hätte sich die Jagdruhe auf nur etwa vier Wochen vorher erstreckt, hätten wir vielleicht doch einige Sauen laut Wildkamera sauber an der Kirrung oder auf dem Wechsel dahin beim Ansitz erlegen können! Die Betonung liegt auf „sauber"!

Glauberg 2018

Ich hatte mit mindestens 12 Sauen und einigen Füchsen auf dieser Bewegungsjagd gerechnet! Pustekuchen, es fiel kein einziger Schuss! Ähnlich verlief die fürstliche Jagd zwei Wochen später im Nachbarrevier: zwei Füchse! Nach weiteren zwei Wochen beim Nachbarn Hessen Forst im Vogelsgebirge fielen 45 Sauen, 32 Rehe, diesmal lag aber kein Rotwild auf der Strecke.

Alteburg 2018

Ein sehr heißer und trockener Sommer war vergangen. Beim einem herbstlichen Ansitz in Hüttennähe lag die Abendsonne mit ihrem warmen Licht malerisch auf den Altfichten der Alteburg. Allerdings wurde meine Stimmung gedämpft, als ich dort leichte Braunfärbung der Nadeln, also erneuten Borkenkäferbefall am Westhang gewahrte. Seit vielen Wochen ließen wir die Sauen dort im Wald absolut in Ruhe und schossen des Wildschadens wegen nur im Feld. Anlässlich einer konstruktiven und beziehungsklärenden Besprechung im zuständigen Forstamt baten wir darum, eventuellen Holzeinschlag an diesem Ort weit vor oder erst nach unserer Jagd am fünften Dezember vorzunehmen. Die zuständigen Herren entsprachen diesem Wunsch und beteuerten, nicht mehr vor Weihnachten in diesem Revierteil Holz einzuschlagen oder ihn anderweitig forstlich zu beunruhigen. Wahrscheinlich würden die Forstarbeiten sogar erst im Februar beginnen.

Seit Monaten befanden sich drei Rotten in den Einständen, wie die Wildkameras bestätigten. Wir konnten realistisch auf eine gute Sauenstrecke hoffen, zumal die Wiesenschäden seit dem langersehnten und mittlerweile eingetroffenen Regen immens zugenommen hatten. Die gewohnte akribische Planung im Vorfeld der Jagd, vielfaches Durchsprechen der Einzelheiten und Risiken waren durch. Diesmal sollte alles passen!
Der Mensch denkt und ... Hessen Forst lenkt! Am Vortag unserer Jagd wurden in Wohnzimmernähe, das heißt am Einstand der Sauen, rund 20 dicke Fichten gefällt und gestapelt. Ich vermute, dass die Schweine den Wurf eines Baumes verkraftet hätten, aber spätestens nach dem dritten wechselten sie aus. Auf der Strecke bei uns lagen am darauffolgenden Tag dann nur vier Rehe aber keine Sau! Unsere Gesichter und die der Gäste sprachen Bände. Die gesamte Korona wurde aufgeklärt und war natürlich empört über die Vorgehensweise des Forstes. Ich hätte heulen können, so maßlos enttäuscht war ich darüber, dass ein ernsthaft gegebenes Versprechen, dazu noch mit Handschlag besiegelt, von amtlicher Seite einfach gebrochen wurde! Die Arbeiten des Forstes beschränkten

sich nur auf diese wenigen Stunden, und danach geschah wochenlang nichts mehr in diesem Revierteil. Glasklar, in welche Richtung sich unsere Gedanken bewegten...!

Natürlich stellten sich die Sauen wenige Tage danach wieder ein und gingen nächtens genüsslich, gedeckt vom Nebel des Mittelgebirgsklimas und der Erderwärmung, auf den angrenzenden Wiesen mächtig zu Schade. Fazit: Hoher Wildschadensausgleich und keinen Wildbreterlös! Am darauffolgenden Samstag drückten die Fürstlichen im südlichen Nachbarrevier. Wir stellten natürlich im kleinen Kreis bei uns mit ab. Strecke: zwei Sauen!

2019

Der gleiche Ablauf wie in den vergangenen Jahren! Absolute Ruhe in diesem Revierteil! Schweine waren nur vereinzelt und sporadisch an der Kirrung. Am Jagdmorgen, gegen 6.30 Uhr, alle Stärken und Kaliber von Sauen, mindestens zwanzig, auf den Fotos der Wildkamera! Super... endlich! Heute sollte es klappen!

Lückenlos, still und ruhig das Abstellen, leises Anstellen von Treibern mit unseren Hunden, alles vorbildlich, was wird kommen? Vor mir zwei Wald-schnepfen, über mir die lauten Kolkraben und unweit neben mir mein Berufskollege, der Zimmermann des Waldes. Es dauerte gefühlt sehr lange bis sich die Treiber und Hunde unten in Bewegung setzten. Über der Kuppe im lichteren Holz sehe ich geringfügig später eine graubraune Bewegung im Stangenholz. Gerader Rücken, langes Haupt, hoher Hals, Rotwild! Ein Alttier, vermutlich nicht alt, tatsächlich alleine, im verhaltenen Troll geht unschlüssig weiter oberhalb an mir vorbei Richtung Nachbarschützen. Gespanntes Warten. Aber kein Schuss fällt. Es kommt wieder zu-rück, etwas schneller und spitz auf mich zu, dreißig Meter…! Natürlich war ich drauf! Es nimmt mich wahr, und in seiner Flucht querab erreicht meine Ku-gel das Stück Hochblatt. Hirsch tot! Ich kann es kaum fassen.

Nach einer Weile informiere ich freudig A. von mei-nem Waidmannsheil. Ein Stück weiter unten wäre noch ein Schmaltier gefallen, so seine aufgeregt-hek-tisch, kühle Antwort. Mutmaßend war er der uner-wartet eingetretenen Lage nicht unbedingt gewach-sen. Später am Streckenplatz wurden dann sogar zwei Alttiere, ein Schmaltier, ein schwaches Geißkitz und ein Fuchs verblasen.

Ein Rotspießer kam einer Jungjägerin in bester Ent-fernung langsam und sichernd. Sie war ihres Jagdfie-bers und der besonderen Situation wegen nicht im-stande, einen sicheren Schuss anzutragen. - Hut ab! - Die Sauen waren mit beginnender Helligkeit wahrscheinlich ins Nachbarrevier gewechselt und kehrten nach der Jagd abends wieder an die Kirrung und in die Einstände zurück, wie die Kamera einwandfrei bewies.

Wann ist Schluss...?

Es war ein früher Winter, nasskalt und mit Harschschnee schichtweise durchsetzt. Wegen Corona traten wir verhalten auf der Stelle. Monatelang waren reichlich Sauen und Waschbären ständig an und rund um die Kirrungen. Die eine oder andere Erlegung auf dem Wechsel dahin wäre, wie schon gesagt, ein relativ einfaches Unterfangen gewesen. Auch hätten sich die Gefriertruhen für die Weihnachtsanfragen mit bestem Ansitz-Wildbret gefüllt. Aber Big Boss, mittlerweile gerade so den Jungjägerschuhen entwachsen, wollte wahrscheinlich irgend jemanden beweisen, dass er das größere Schiff, Haus, Pferd, Auto und auch eine Jagd besitzt, und er niemand neben oder gar über sich duldet. Er erließ darum ein unerklärliches und striktes Bejagungsverbot an der gesamten Alteburg. Gerade hier wäre aber verstärkter Rehwildabschuss dringend notwendig gewesen, wie der Verbiss eindeutig und die späteren immensen Schadenersatzforderungen seitens der Stadt zusätzlich belegten.

215

Auch Wildkamera und der Schnee offenbarten mir, dass ein einzelner Keiler, zwei- bis dreijährig, ständig oben vor Ort war. Er hatte sich am Eis des Harsches alle Läufe aufgeschnitten und konnte sich dadurch, natürlich stark eingeschränkt, nur unter Schmerzen bewegen. Etliche Quadratmeter waren an der Kirrung tagelang vom Schweiß durchtränkt. Niemand durfte sich aber hinsetzen und das Schwein erlösen! Mein scharfer Protest und der Hinweis auf Tierschutz und Waidgerechtigkeit wurden mit einer barschen Handbewegung und durchdrehenden Reifen abgetan! Wie konnte ich es nur wagen „Großes Buana" anzuzweifeln...! Auch wäre in diesem Ausnahmefall ein kleines Drückerchen absolut gerechtfertigt gewesen. Aber nichts dergleichen durfte sein! Er fühlte sich, so sah ich es, als großmächtiger Herrscher über Leben und Tod, dessen praller Geldsack alles bereinigen könnte...!

Mindestens drei Wochen lang schleppte sich die Sau sichtlich abgekommen durch den strengen Mittelgebirgswinter. Die Fotos bewiesen es eindeutig! In mir keimten erhebliche Zweifel. War das noch der Jäger und Freund, für den ich vor einigen Jahren vorbehaltlos diese Jagd pachtete, dem ich großes Vertrauen entgegen brachte, den ich in die Vielseitigkeit des jägerischen Alltags in all seinen mannigfachen Facetten einblicken ließ und mit dem man „Pferde" stehlen konnte? Mitnichten...! Irgendwann erschien der Keiler nicht mehr an der Kirrung...! Die damals noch vorhandenen Fichtenwälder des Vogelsbergs hatten sein Schicksal aus unsrer Wahrnehmung nicht aber aus meinem Gewissen getilgt!

Ende Januar berief A. dann kurzfristig eine kleine, coronabedingt abgespeckte Drückjagd nach dem Muster vergangener Jahre ein. Ich stand wieder, allerdings betont lustlos, an der 13. Kurz nach Beginn schossen meine Nachbarschützen zur Rechten aus allen Rohren. Zur Strecke kam lediglich eine mittelalte einzelne Bache nach längerer, nicht angemeldeter, Nachsuche im Nachbarrevier. Sie hatte zum Fangschuss noch zwei Treffer auf Keule und Bauch. Beim Aufbrechen kugelten fünf durchgefärbte Frischlinge aus der Tracht. Die total zerschossene Sau endete größtenteils als Fuchsfutter!
Die Vorzeichen einer Trennung mit Entbindung von meinen Pflichten und ein Scheiden aus meinem Amt waren deutlich erkennbar und wurden in der Hoffnung auf Besserung und Einsicht nur um kurze Zeit verzögert. Friedrich Herold schrieb einst sinngemäß und mir aus dem Herzen: „Jagd offenbart schonungslos den wahren Charakter eines Menschen...!"

Anderes Revier und viele Jahre vorher: Lehrerkollege Hermann lud mich ein, und natürlich war er mein Ansteller. Auch in den Folgejahren wurde ich das Gefühl nicht los, dass er mich immer zu Schuss bringen wollte. Es war ein kleines, aber feines Drückerchen, kurz nach Neujahr und das letzte im Jagdjahr. Rundum knallte es und ließ reichlich Strecke erwarten. Ich stand an einer kleinen Lichtung, durch die ein starker Wechsel führte. Der Nachbarschütze hatte ein Schmalreh erlegt, auf das ich auch sauber zu Schuss hätte kommen können. Aber Drückjagdrehe hatten zu dieser Zeit, jedenfalls für mich, einen faden Beigeschmack, also ließ ich den Finger gerade. Geraume Zeit später wurde abgeblasen. Die „Folge" war ein Wegekreuz in der Nähe, von dem aus ich aber noch meinen Stand einsehen konnte. Wir gewahrten beim Austausch des zuvor Erlebten, zwei dickere Sauen, die vermutlich des Abblasens wegen unbehelligt die Lichtung, an der ich vorher stand, querten. Schussentfernung von meinem Stand wären höchstens zwanzig Meter gewesen! Ich glaubte, ein Grinsen im Gesicht der beiden Schwarzkittel gesehen zu haben.

Im gleichen Jahr, gleiches Revier, eine der ersten Jagden im Spätherbst! Ich wurde in einem Buchenaltholz mit etwas Naturverjüngung platziert. Von einem kleinen Hügel aus wäre das Schussfeld nicht optimal gewesen, also stellte ich mich etwas abseits mit dem Rücken an einen Baum. Unmittelbar danach kamen wieder zwei Sauen, wahrscheinlich die beiden Sauen vom Spätwinter mit dem gestreckten Mittelfinger, aber so, dass ich des Hügels wegen, nur die Rückenlinie erkennen konnte und deshalb selbstverständlich nicht schoss. Standortwechsel! Zehn Meter wieder nach oben! Eine Stunde später ein kleines Wutzchen, bautz, und es rollierte! Sauberes Aufbrechen auf zwei nebeneinander liegenden Stämmen vor Ort war Ehrensache!

Zwei Jahre später! Mir wurde ein Stand an einem Wechsel zugewiesen. Mit Hilfe der kleinen Gartenschere, die Drückjagddrucksackstandard ist, schnell ein paar störende Ästchen entfernt und sich für die nächsten drei Stunden professionell eingerichtet. Rucksack mit Leberwurstbrot in der Dose und die Thermoskanne mit heißem Kaffee stand in Reichweite. Der Drilling lehnte an einem Bäumchen griffbereit neben mir. Nach einiger Zeit überkam mich der Hunger. Alles ruhig, nur viel weiter weg Terrierlaut, giftig, wahrscheinlich am Reh!

Essen und Trinken hält Leib und Seele zusammen! Brot in der Linken, Kaffeetasse in der Rechten, zur Untätigkeit verdammt, stand mir der Fang halb voll und weit offen, als neben mir vollkommen lautlos eine starke Bache mit einer handvoll Frischlinge, so um 25 Kilo, den Weg in bester Schussentfernung querte und verschwand. Scheibenkleister! Einige Zeit später kam einer der Terrier zu mir und ließ sich streicheln. Plötzlich schnappte er nach etwas in meiner Nähe und widmete sich dann wieder seinen Aufgaben! Meine noch offene Brotbüchse neben mir war danach restlos geleert!

Im zweiten Treiben kamen wieder mindestens zwanzig Sauen aller Kaliber, aber viel zu weit! So ist halt das launische Weib namens Diana. Heute mochte sie mich gar nicht!

Novemberdrückjagd beim Fürst! Wir in Leustadt besetzen dann die Grenze, um hochgemachtes Wild eventuell in unserer Gefriertruhe einzulagern. Früher war dieses Jagen als Abstauberjagd verpönt, wurde aber überall hinter vorgehaltener Hand praktiziert. Mittlerweile ist dieses Prozedere Anbetracht der

enormen Schwarzwildzahlen und -schäden revier-
übergreifend vollkommen legal, anerkannt und wird
sogar staatlich bezuschusst.

Ich hatte alle Gäste gut platziert und eingewiesen und
war auf dem Weg zu meinem Stand. Ganz aufgeregt
gestikulierte die Frau des Landwirtes und Jagdschein-
aspirantin überdeutlich in meine Richtung, dass etwas
Relevantes passiert sein müsste. Eigentlich wollte ich
meinen Platz so schnell wie möglich erreichen, muss-
te aber erst mal mürrisch, dann aber zu aller Zufrie-
denheit feststellen, dass die erste Wutz schon im Gar-
ten dieses Anwesens lag. Horst hatte einen Frischling
unmittelbar nach Standeinnahme flüchtig auf gute 80
Meter sauber erlegt und die Dame wies mich dann
ein. Ich brachte die Wutz erst in die Wildkammer und
danach nahm ich meinen Stand ein. Durchladen der
FN und … innerliches Fluchen! Im Lauf war jetzt ei-
ne Patrone und im Magazin die andere! Der Rest war
zuhause im Waffenschrank! Es kam, wie es kommen
musste! Jede Menge Sauen um mich herum, eine
konnte ich noch erlegen, und dann war die Büchse
leer! Auf gute Schussentfernung kamen später noch
mindestens drei Weitere, aber bei mir ging nichts!
Nur gut, dass die Anderen von meinem Dilemma
nichts bemerkten, oder sie waren so höflich und über-
sahen meinen Lapsus. An diesem Tag erlegten wir
drei Sauen!

Montag Abend um 20.05 Uhr rief mich Nachbar Matthias an und fragte mich, ob wir auch morgen früh mit ansitzen? Was, wo, wie, wer macht was? Der fürstliche Nachbar hatte wohl ernsthaft vergessen, mir mitzuteilen, dass Dienstag kurzfristig eine Drückjagd anberaumt wurde. Bis um 20.30 Uhr und einem Foto wegen Geschwindigkeitsüberschreitung, die gering zwar, aber trotzdem ärgerlich, hatte ich doch sechs Jäger zusammen, die mit dabei sein wollten.

Um 10.00 Uhr sollte das Treiben beginnen. 9.30 Uhr saßen wir vor Ort an den bekannten Wechseln, an welchen Wild kommen konnte! Ich hatte mit mir gerungen, wo ich sitzen sollte und entschied mich für den Floratwagen. Die Stände gegenüber konnte ich gut einsehen. Sicherheit war gegeben. Hundelaut und einige Schüsse in der Nachbarschaft kündeten nahendes Wild an. Richtig, ein Schwarzkittel verließ den Hochwald und querte unser Feld. Richard schoss, fehlte aber zwei mal. Jetzt war die Wutz bei mir auf 90 Meter breit und schnell. Mein erster Schuss lag einwandfrei dahinter. Die Erde spritzte! Also Kumpel, jetzt aber! Genügend vorgehalten ruckte sie im Knall und wurde mit Lungentreffer langsamer. Michael war ebenfalls schon lange auf der Sau und schoss kurz nach mir. Jetzt brach das Schwein auch hinten zusammen. Sau tot!

Kurze Zeit später sprang Wolfgang vom Sitzstock und machte sich fertig. Ein braver Keiler ging spitz von ihm weg über Kimm in den Judenfriedhof. So wollte er nicht schießen. Recht so! Wieder im Wald neben uns Hundelaut und ein Schuss der Nachbarn. Der wütende Terrierlaut ging in Klagen über. Der dort angeschweißte Keiler hatte ihn unter sich geschafft und setzte ihm schwer zu. Die Saufeder verhinderte Schlimmeres. Der Hund wurde versorgt und hat es gut überstanden, wie ich später erfuhr.

Jagd vorbei, die Treiber waren durch und auf dem Rückweg. Ich beorderte S. telefonisch zu meiner erlegten Sau. Michael und er bargen sie in einer schlittenartigen Kunststoffwanne. Mittlerweile war auch ich im großen Bogen hinten am Teich eingetroffen. Bei noch laufendem Motor und geöffnetem Fenster berichteten die Mitjäger. Jäh unterbrach ich sie mit den Worten: "Des gebbds doch nejd!" neun Sauen! - auf beste Schussentfernung kamen breit und wie an einer Schnur gezogen aus dem Judenfriedhof an uns vorbei in Richtung Wald. Schrecksekunde, Waffen laden, zögerlich, einen Schlumpschuss erwartend, sagte ich: "Ja!" Die letzte wurde weich getroffen und entkam schwerkrank über die Grenze in den Wald.

Die Berichte wurden fortgesetzt und Walter teilte mir mit, da auf dem Acker zur Linken läge eine Sau. Sie wäre aus dem Wald gekommen und dann dort tot umgefallen. Als wir sie am Haken hatten, sahen wir, dass sie einen weichen Treffer hatte. Sie gehörte uns! Ich erstattete sofort der nachbarlichen Jagdleitung Lagebericht. Der uns entgegeneilende Schütze verstand dies nicht sofort, lies sich aber doch schweren Herzens von dem gutnachbarlichen Verhältnis überzeugen.

Die kranke Sau aus unserem Revier erhielt 45 Minuten später vom Nachsuchenführer den Fangschuss und verblieb selbstredend bei den Nachbarn!

Schilfdrücken

In einer Gemarkung unweit unseres Reviers jagten wir morgens an den Enten. Die Strecke war mäßig. Auf dem Nachhauseweg lag noch ein knapper, fast quadratischer Hektar Ödland, der mit Schilf bewachsen war. Hier steckte immer ein Fuchs. Onja, Gustav und Ricke übernahmen, vom Stand aus geschnallt, das Stöbern und arbeiteten vorbildlich nach dem Abstellen. Auf jeder Ecke stand ein Schütze und jeweils zwei dazwischen, also zwölf an der Zahl. Ricke wurde laut und bald kam Reineke auf der Westseite hochflüchtig in Richtung Bahngleise. In der Schrotgarbe von Onkelchen rollierte er, wollte aber tot krank wieder in seine Deckung zurück. Der Nachbarschütze weiter oben sah dies und fuhr, auf den Fuchs angebackt, durch die Schützenkette zurück und gab Feuer.

Durch Onkelchens Schuss verendete der Rotrock kurz vor dem Schilf. Aber Onkelchen lag ebenfalls auf dem Rücken, ... mit vielen Schroten des Schusshitzigen auf beiden Schienbeinen...! Der Jagdherr sah aus einiger Entfernung Onkelchen auf dem Rücken liegend, ohne aber zu wissen, was vorgefallen war. Sein sarkastisch humorvoller Kommentar zur Situation: „Brecht ihn nicht gleich auf!"

Eiligst wurde Karl ins Krankenhaus transportiert. Er hatte unheimliches Dusel. Hätten die Schrote die Oberschenkel getroffen, wäre wahrscheinlich der sofortige Schocktod eingetreten.

Hubertus, verzeih!

Diese revierübergreifende Drückjagd findet seit vielen Jahren traditionsgemäß an Buß- und Bettag statt. So auch im frühen 21. Jahrhundert. Es war leichte Schneelage, strahlende Sonne, mäßiger Frost, alles war bestens organisiert und wir waren frohen Mutes. Als Ansteller und letzter Schütze hatte ich am Dreiländereck einen Drückjagdbock meiner bewährten Bauart besetzt. Meinem Dienstherren hatte ich aber gesagt, dass ich eine schwere Erkältung hätte, und deshalb ein Unterrichten in diesem Zustand eigentlich nicht möglich wäre.

Hubertus sollte an höherer Stelle doch ein gutes Wort für mich einlegen und möge mir die Notlüge verzeihen, ging es doch ums Jagen. Auch dauerte es nicht lange, bis mir ein Frischling kam. Hochblatt erwischt, schlug er ein Rad, gar nicht mal so weit. In die abfallende Anspannung meldete sich mein Handy mit Vibration. Am anderen Ende war Lehrer- und Jagdkollege Hermann, der mir sein Bedauern über meinen desolaten Gesundheitszustand ausdrücken wollte. Ich konnte ihm wahrheitsgemäß und mit leichtem Hüsteln antworten: „Ach Hermann, ich bedanke mich für die herzlichen Genesungswünsche! Ich sitze hier momentan sehr bequem an diesem wunderschönen Morgen mit herrlichem Ausblick warm eingemummelt mit einer Tasse Tee inklusive Bienenhonig und Whisky und träume von Wildschweinen!" - Gott sei Dank fiel während dieses Telefonats kein Schuss in hörbarer Nähe!

Wohlwollend und verständnisvoll nickend, nahm er dann einige Zeit später meine Richtigstellung zur Kenntnis. „Gelogen hattest du ja wirklich nicht!" so sein Kommentar mit hochgezogenen Mundwinkeln und einem Augenzwinkern.

Nachmittags erreichte mich ein Hilferuf von Horst: Rapsernte! Wenn du kommst, sind wir zu dritt und besetzen den Waldrand. Natürlich wollte ich und wurde auf der Clubkanzel platziert. Horst besetzte einen meiner Drückjagdböcke links von mir und Otto desgleichen rechts. Kurz vor dem Ernteende verließen drei mittlere Sauen langsam den Raps in Richtung Waldrand. Sie waren noch weit. Trotzdem nahm ich schon mal die Zweite ins Absehen und wartete ab. Otto bekam das Flattern und schoss viel zu früh - und natürlich vorbei! Jetzt gaben die Schweine richtig Gas. Hochflüchtig und spitz von vorn kam ich nicht zu Schuss. Zu allem Übel schlug ich noch an dem verdammten Hochsitzpfosten an, und die Sauen waren weg. Horst konnte wegen der Gefährdung meiner Person ebenfalls nicht schießen. „Haben wir auch nichts geschossen, so haben wir doch frische Luft genossen!" so einer der vielen Sprüche Ottos!

Wieder mal ne Hillerschjagd!

Vereinbarter Treffpunkt zur revierübergreifenden Bewegungsjagd 8.30 Uhr Dorfmitte, ganz klar! Schon bei dem Wecker stellen abends vorher vollkommen logisch: 8.30 Uhr! 8.30 Uhr prägte sich ein. Tatsächlich fuhr ich auch 8.30 Uhr los! ......und kam demzufolge eine halbe Stunde zu spät zum Treffpunkt. Die

Korona war schon unterwegs zu ihren Ständen. Lediglich die Letzten konnte ich noch vereinbarungsgemäß anstellen und einweisen. Meinen Subaru mit Wildtransportanhänger parkte ich an der Hillerswiesenkanzel hinter einem Fichtenpolder und lief zu meinem Stand über die Waldwiese. Der war direkt unten an dem Hillersbach, unserem Grenzbächlein zum Staatsforst hin. Tage zuvor hatte ich dort einen Klappstuhl platziert und das Bachufer in Begleitung meiner kleinen Enkelin vorsichtig und unauffällig geastet, verlief doch da genau ein starker Wechsel, auf dem immer Sau und Hirsch unterwegs waren. Ich war trotz allem Zeitverzug zeitig am Stand, kappte noch ein paar eventuell störende Ästchen und ließ mich häuslich nieder. Waffe fertig über den Knien, Rucksack mit den nötigen Utensilien geöffnet neben mir, den Kolkraben bei leichter Schneelage zuhören und ihre Aufregung verstehend, ließ mich alles rundum vergessen.

Dann fielen schon vereinzelt Schüsse in der Ferne. Anfangs konnte ich noch mitzählen, aber die Anzahl steigerte sich immens. Mehrere Rotten Sauen lagen teils in unserem Revier oder gerade über der Grenze. Sie wurden heftig dezimiert, so meine Vermutung und Vorahnung. Als Stöberhunde und Finder waren überwiegend Bracken und Jagdterrier eingesetzt. Ihr Geläut zeigt deutlich, wo Wild zu erwarten war. Ein einzelner Schuss beendete meist den Laut der vierläufigen Freunde. Ich erwischte mich immer wieder mit einem aufrichtigen und anerkennend freudigen Strahlen der super Hundearbeit wegen.

Sogar die Sonne lugte kurz durch den Hochnebel, als auf der gegenüberliegenden Seite ein guter Jährling am Bestandesrand erschien. Vollkommen vertraut kam er bis auf drei Meter zu mir. Reglos stand ich mit der Browning in Hab-Acht-Stellung. Er hatte lauscherhohe Gabeln und war auch insgesamt recht stark. Er sollte leben, selbst auf die Gefahr hin, jenseits der Jagdgrenze auf holländisch-belgisch-forstlich gemeuchelt zu werden. Kurze Zeit später querte ein roter Allerweltsfuchs die Fläche. Auch er wanderte nicht in die ewigen Jagdgründe, derweil zwar das Korn auf ihm stand, ich auch drückte, aber nicht entsichert hatte! ...ein super Profi, dieser Jagdaufseher! ....aber der Anschlag passte, wie ich zufrieden feststellen konnte. Die neue warme Winterjacke in orangem Tarnlook war also kein Fehlkauf.

Mittlerweile waren knapp zwei Stunden vergangen, in deren Verlauf ich schon seit geraumer Zeit ständigen Hundelaut, wahrscheinlich Standlaut, am „Nassen Weg" lokalisierte. Das Handy klärte auf, zumal an dieser Stelle ein relativ unerfahrener Jungjäger stand. Er hatte eine Sau beschossen, die sich, von zwei Bracken bedrängt, waidwund in den dichten Fichtenverhau eingeschoben hatte. Hilflos musste er das Drama erdulden, denn er durfte seinen Stand nicht verlassen und schon gar nicht einen Fangschuss vor den Hunden antragen. Für ihn eine Lehrstunde, war er doch auch Erstlingsführer eines vielversprechenden Kleinen Münsterländers. Abhilfe kam von dem Brackenführer, der mich kontaktiert hatte und den ich nun einweisen konnte. Endlich fiel der erlösende Knall. Sau tot!

Ruhe war eingekehrt, einige Zeit war vergangen und in den Stiefeln kroch die Kälte langsam nach oben. Deshalb ging ich die wenigen Schritte an den gegenüberliegenden Dickungsrand um zu erkunden, wo ich mich eventuell im nächsten Jahr noch besser platzieren könnte. Da müsste etwas Holz in Form eines Weihnachtsbaumes weichen, dann wäre es hervorragend. In diese Gedanken vertieft, sah ich beim Umdrehen ein wunderschönes Küchenschweinchen in bester Schussentfernung den rückwärtigen Bestand annehmen und darin zu verschwinden. „Wann de net hieguggst, siehsdes net!" so mein Trost. Also wieder hinsetzen und frühstücken, natürlich jetzt mit wacherem Auge. Beim Schlucken des letzten Müffelchens stahl sich eine richtig dicke Sau jenseits der Grenze durchs Geäst in meine Richtung. Die offene Visierung stand schon auf dem Teller, aber sie war noch drüben!... Warten!... Jetzt wird es dichter vor ihr. Sie poltert durch den Bach ...? Unmöglich für mich! Da ist es zu sehr verästelt. In der Folgezeit fiel auch kein Schuss in der Nähe, sodass ich hoffen kann, irgendwann diesen reifen Keiler ins Absehen zu bekommen. Ab und an besuchte mich auch eine kleine, sehr zierliche Jagdterrierhündin, inspizierte meinen Rucksack, ließ sich streicheln und widmete sich anschließend wieder ihrer Aufgabe. … Meine Terrier jagten in diesen Augenblicken ebenfalls mit mir...! Wehmütige Erinnerungen streiften mich...!

Der Gedanke, dass beim Staat auf alles, was nach

Reh aussieht, Dampf gemacht wird, ließ mich den Finger auf dieses Wild trotz der Freigabe und reichlich Anblick gerade lassen. Die Ausnahme wäre ein relativ schwaches Stück gewesen. So sammelte ich am Ende mit blankem Gewehrlauf meine Schützen samt ihrer Jagdbeute ein und verfrachtete alles auf meinen Anhänger. Drei Sauen und zwei Rehe waren die Tagesstrecke von uns, die von Metzgerjäger Edi an der Hütte sauber hängend aufgebrochen wurden. Der Keiler, der sich bei mir durchgemogelt hatte, ging weiter oben auf kurze Entfernung an einem Mitjäger vorbei, der allerdings dezent eingenickt war, wie sein Standnachbar voller Häme berichtete.

Meine junge Paula und ich hatten aber noch eine Nachsuche vom Vorabend. Was war geschehen? S. hatte auf dem Ansitz bei Mond und Schnee eine Sau mit gutem Kugelsitz erlegt. Sie lag im Knall. Nach einer Weile ging er hin, um die Sache zu begutachten. Er bemerkte in der Hecke neben ihm Geraschel und Knacken. Gefühlte zwanzig Schweine kamen langsam wie an einer Schnur gezogen in bester Entfernung auf die Wiese. Er kam auf zwei Kleinere zu Schuss. Eine lag am Platz. Etwas entfernt die Zweite, aber stärker als gedacht. Zuhause beim Aufbrechen war er dann auch unzufrieden über den Treffer, der der stärkeren Sau die Hüfte zerschlagen hatte. Wahrscheinlich war es ein Geschossrest! Wir vertagten alles weitere Grübeln auf den kommenden Morgen. An diesem entdeckte S. Schweiß bergab, dann über den Weg in Richtung Dorf. Wegen der anstehenden Hillerschjagd verschoben wir die Nachsuche auf später, direkt nach dem Drücken.

Ich setzte nun Paula auf der Wundfährte an. Eine besondere Schwierigkeit für meine Hündin waren aber die Rindviecher einschließlich eines mächtigen Bullen auf der Weide, die seit zwölf Stunden die Fährte zertrampelt und die Witterung verteilt hatten. Außerdem macht sich Paula öfters mal einen Spaß aus Rinder treiben! Meine Befürchtungen, dass sie das auch jetzt tun würde, bestätigten sich aber nicht. Mit nur wenigen kleinen Schlenkern hielt sie die Krankfährte absolut sicher am langen Riemen bis in ein Feldgehölz unten in Ortsnähe, wo sie den Frischling stellte und ich den Fangschuss antragen konnte. Dies war eine relativ kurze aber schwierige Nachsuche von ungefähr 400 Metern, die meine junge Ardennenbracke mit Bravour meisterte.

Zurück an der Jagdhütte wurde dann Strecke gelegt. August überreichte auch S. seine Brüche vom Vortag zu seiner erlegten Wutz von dato. Dies waren jetzt fünf an der Zahl!! „Geb dem doch gleich en ganze Baam!" so der scherzhafte Kommentar meinerseits. Nach dem Verblasen der Strecke und dem Dank an die höhere Instanz übernahm ich dann das Kommando mit den Worten: „Wegtreten zum Biertrinken!" Bier war zwar auch beim Schüsseltreiben im Angebot, wurde aber weit übertroffen von heißem Sanddornsaft mit Amaretto. ... Ach, könnt es (Spät)Herbst im ganzen Jahre bleiben!...

Paula

Hundeeinsatz

Seit vielen Jahrzehnten führe ich Hunde auf und für die Jagd. Je nach Verwendung waren dies, dem Wandel der Zeit angepasst, Erd- und Feldhunde, Stöberer verschiedener Rassen, auch Jagdmischlinge, bis hin zu den schweißtauglichen Bracken, besonders unsere Ardennenbracken. Wie schon oben angeführt, ist es immer wieder eine Freude den Laut der Stöberer auf Fährte oder Spur akustisch zu verfolgen und gespannt zu lauschen, welchen Verlauf der Bail nimmt. Rechtzeitig kann man sich so auf anwechselndes Wild einstellen.

Ich war Gastjäger auf einer großen Bewegungsjagd mit einigen angeschlossenen Revieren nahe der bekannten hessischen Brauerei mit dem Eisvogel in der Werbung. Natürlich interessiert mich neben dem allgemeinen Beutemachen im Besonderen immer die Hundearbeit. Als ersten Laut auf meinem Stand im Hochwald vernahm ich eine relativ hohe Hundestimme in einiger Entfernung. Nach hinten sichernd, kam mir ein Reh langsam und vorsichtig. Mit vier Läufen auf dem Boden hätte ich gut schießen können, es stand aber nicht frei. Mit einem gemächlichen Rücken in die nächste Deckung nahm es mir die Entscheidung ab und war verschwunden. Der Spurlaut kam näher und es erschien ein schwarz gebrandelter Langhaarteckel mit der Nase direkt auf der Fährte.- Bilderbuch! - Langsam entschwanden Laut und Hund über die Kuppe halbrechts.

Mit den Treibern und Hundeführern kamen Foxel, Wachtel, Drahthaar und ein Brackenmix. Sie waren mindestens am Wild Sichtlaut, also jagdlich brauchbar. Besondere Freude machte mir eine ganze Weile später ein älterer, etwas zu groß geratener Jagdterrierrüde. Er jagte Solo. Sobald er auf eine Fährte kam, setzte spontan Spurlaut ein. Dies ist ein angeborener Reflex unserer Stöberhundrassen. Er arbeitete dieselbe ein kurzes Stück und brach dann ab, als er feststellte, dass sie doch nicht mehr so frisch und zielführend war. Ein Stückchen weiter das gleiche Spielchen. Schließlich kreuzte er die frische Spur des Fuchses, den ich kurz zuvor gesehen hatte, und laut ging die Post ab in die rückwärtige Dickung. Ein Schuss vom Nachbarschützen jenseits, und der Laut verstummte im Beuteln des Fuchses.

Ruhe war eingekehrt. In mein Sinnieren polterte es urplötzlich links unweit hinter mir im halbverfallenen Hordengatter. Eine stärkere Sau durchbrach in offensichtlicher Panik den morschen Holzzaun und schoss wie eine Rakete über Weg und Schussfeld nach unten weg. Die Entfernung hätte gepasst, aber Schießen - unmöglich! Direkt dahinter kamen genauso schnell, aber lautlos, zwei Laiki. Hetzjagd kam mir spontan in den Sinn!

Die Zeit verrann. Von dem Teckelhügel vor mir kam ein Jährlingsböckchen. Es war nicht freigegeben. So beobachtete ich nur, wie es ein großes Stück auf dem Holzabfuhrweg in meine Richtung kam und sich ebenfalls in die Dickung rechts hinter mir drückte. Keine Minute später kamen drei der sibirischen Stehohren im Rudel auf dem gleichen Weg von oben her. Erkennbar war der Chef mit einem Glöckchen um den Hals. Die beiden anderen orientierten sich an ihm. Ihre Köpfe gingen ständig nach links und rechts. Sie suchten mit den Augen. Von der noch warmen Rehwitterung auf dem Weg gewahrten sie nichts. Es hatte den Anschein, sie jagten wie ein Wolfsrudel, nur mit dem Unterschied, dass Wölfe auch die Nase einsetzen.

Eigentlich sollten sich Jagdherren und Revierinhaber fragen, ob solche Hunde, die in anderen Gefilden unter anderen Bedingungen zweifellos Hervorragendes leisten können, unbedingt auch in unseren Breiten eingesetzt werden müssen!? ...Die Packer der Parforcejagden brauchen wir bestimmt nicht mehr!

Kreisen

Im Vogelsberg gibt es, allerdings mittlerweile seltener, noch „richtige" Winter. Wenn es passt, bietet sich hier gelegentliches Kreisen an. Seit Beginn unserer Pacht in Bukasiland reizte den Chef auch diese Art des Jagens. Er kennt sie nur vom Hörensagen. Natürlich kann es ein effektives und tolles Jagen sein, wenn alle Voraussetzungen stimmen.

In der Hälfte des Südhanges rechts der Nidder bildete sich zum oberen Rand hin wegen des felsigen Geländes und seiner Beschaffenheit eine Schwarzdornhecke. Daran schließt sich nahtlos ein Hainbuchen-Eschen-Weiden-Erlen-Eichen-Buchen-Brombeer-Mischwäldchen an. Es ist mit großen Findlingen vulkanischen Ursprungs durchsetzt. Unterhalb dieses Haines verläuft ein wassergebundener Feldweg, an dem sich das Weideland zum Dorf weiter unten hin erstreckt. Dieses Feldgehölz nennt sich „Die Angst", wieso auch immer und ist u.a. ein Bärlauchparadies. Hier ist aufgrund der Überschaubarkeit und des relativ geringen Aufwands wegen mit wenigen Schützen gut abzustellen. Ein, zwei Treiber, unsere Bracken mit Haralds oder Brunos Jagdterrier genügen als Stöberer vollauf.

In den vergangenen Jahren versuchten wir immer wieder mal unser Glück. Mit Kreisen am frühen Morgen bestätigt, waren Sauen in der Angst. Es vergingen immer trotz aller Eile mindestens zwei Stunden, bis eine Korona zusammentelefoniert und vor Ort angestellt war. Aber jedes Mal hatten sich die Sauen des eisigen Ostwindes wegen, der heftig und direkt auf dem Gelände lag, in gemütlichere Einstände verzogen. So schoben sich die Jagersleut ohne Beute danach ebenfalls in wärmere Gefilde, nämlich Kaffeestuben mit ansprechender Bedienung, ein.

Einer der letzten Winter verdiente seinen Namen nicht. Nur an einem einzigen Morgen war ein Kreisen bei knöchelhohem Schnee möglich. Tatsächlich hatte der Boss Sauen fest und die Windrichtung passte ebenfalls. Nach obigem Muster war um 11.00 Uhr oben und unten abgestellt. Für Paula hatte ich die Signalweste tatsächlich vergessen und meine, an Sauen sehr gute Ardennenbracke musste deshalb im Auto bleiben. Auch glaubte ich nicht so recht an einen diesmaligen Erfolg der Unternehmung. Die Stöberarbeit blieb nun alleine an Silvan, DK vom Chef, und Haralds hervorragendem Jagdterrier hängen.

Sofort nach dem Schnallen war die Kleine am Wild laut. Silvan gesellte sich dazu und warf einen Fuchs aus der Dickung. Die kleine Hündin war aber immer noch laut und attackierte nun eine Rotte Sauen. Harald rührte an der Hecke und bekam eine Wutz frei, die er auch gefahrlos erlegen konnte. Da wurde es den Schweinen zu ungemütlich. Vom Terrier hart bedrängt überfielen sie den Weg zwischen mir und Horst. Auf der Wiese kamen wir dann zu Schuss und zwei Schwarzkittel färbten den Schnee rot. Drei Sauen auf der Strecke und strahlende Gesichter an einem herrlichen Wintertag, was will man mehr!

„Hahn in Ruh!" beendete das Treiben. Beim Sammeln oberhalb des Wäldchens, auf dem Weg zu den Fahrzeugen mit selbstverständlich entladenen Waffen, sahen die Jäger aus einiger Entfernung und mit langen Gesichtern, wie sich ein offensichtlich gewitzter und sehr starker Keiler aus der Hecke über die Kuppe in Richtung Hillers verabschiedete!

Das Aufbrechen zu Hause zeigte uns aber etwas anderes als eitel Freude zum vermeintlichen Jagderfolg: Zwei mittelalte Bachen mit je sechs Frischlingen inne...! Soviel zu Drückjagden Ende Januar und in diesem Fall sogar Anfang Februar!

13. Märkische Heide

Mitte der 1990er: „Du kannst Härsch, aach en 1a, un Saue schisse, sofill de willst!, musst nur defir e Dach mache beim Heinz in Brandebursch!", tönte Adolf im dicksten Offenbacher Dialekt. Natürlich wollte der Jäger und Zimmermann! Soviel zur Ouvertüre „Märkische Heide".

Heinz stammt aus dem Münsterland, wenn ich mich recht entsinne, Metzgermeister vom Feinsten, guter Kumpel und konnte ein furchtbarer Knochen sein. Direkt nach der Wende pachtete er in der Märkischen Heide ein ehemaliges Stasirevier, so an die 1300 Hektar - gleich mal auf 25 Jahre. Dort gab es die DDR-typische Landwirtschaft, große Äcker, riesige Wiesen, viele Wassergräben, lichte Kiefernwälder, Sand, soweit das Auge reicht und Plagegeister wie Schnaken und Bremsen in rauen Mengen. Adolf kam über Werner, seinen Jagdfreund, nach Brandenburg in besagtes Revier. Werner lernte ich vorher schon in der Hochrhön kennen. Wir kamen bestens miteinander aus. Bei Heinz war er Mitpächter, wobei ich aber nicht weiß, wie dieser Kontakt zustande kam. Ist ja auch egal, Hauptsache jagen!

Im besagten gemeinschaftlichen Jagdbezirk Schulen-Wiese, mittlerweile gebietsreformiert zu „Märkische Heide", gab es Sauen ohne Ende, Dam- und Rotwild als Wechselwild, die besten Rehböcke, die ich bis dato gesehen hatte, jede Menge Hasen, Rebhühner, Fa-

sane, Enten, Gänse, kurzum alles, was mein Jäger-
herz höher schlagen ließ. Hier ließen es sich vor uns
die hohen Erichs der DDR jagdlich so richtig gutge-
hen! Auch den Enok lernte ich hier kennen.

Zur Kontaktaufnahme übergab mir Adolf die Ruf-
nummer von Heinz. Der erste Anruf passte auch zwi-
schenmenschlich sofort, und ich ließ mir die bauliche
Situation erklären. Heinz musste mir dann die genau-
en Maße des Hauses angeben und Statik samt Pläne
zuschicken. Jetzt konnte ich nach alter Väter Sitte
Aufriss (Arbeitszeichnung M 1:10) und die daraus re-
sultierende Holzliste erstellen. Diese gab ich dann
wiederum telefonisch zurück an Heinz, der das Bau-
holz vor Ort im Sägewerk bestellte. Aus heutiger
Sicht etwas umständlich, aber dies war damals ohne
Computer der normale Weg. Die terminierte Zusage
der Holzlieferung wurde ebenfalls gegeben. Soviel
zur Vorgeschichte.

Es war Mitte November und ein strengerer Winter als
die unsrigen im mittleren Niddertal ist erfahrungsge-
mäß in dieser östlichen Region zu erwarten. Die Zeit
drängte also. Für Abbund und Richten kalkulierte ich
Donnerstag und Freitag ein. Am Samstag musste
Kurt, der mich begleiten und helfen wollte, abends
um 18.00 Uhr zum 50. Geburtstag von Erwin wieder
in Glauberg sein. So blieb für die 650 km Anreise nur
der Mittwoch. In dieser „Notsituation" konnte nur der
gelbe Urlaubsschein helfen...!

Ab Dienstag plagten mich dann gegen Mittag urplötzlich wahnsinnige Kopfschmerzen, einhergehend mit Nasenbluten und ich glaube auch der Verdauungstrakt war total im Eimer! Trotz dieser schlimmen und ansteckenden (!) Leiden starteten wir voller Zuversicht auf baldige Genesung anderntags zeitig und voll bepackt mit Maschinen und Gerät auf dem Anhänger gen Osten, Hauptrichtung Brandenburg, Spreewald. Die völlige Gesundung meinerseits stellte sich bei Altenstadt an der Autobahnauffahrt ein. Jagen ist tatsächlich ein Wunder(heil)mittel!

Während einer längeren Autofahrt sollte man auch mal Pausieren und sich die Beine vertreten. So steuerten wir nach gut der Hälfte der Strecke eine Raststätte an. Auf dem Weg zur Kaffeetheke bemerkte ich einen voll bepackten roten Kleinwagen auf dem Parkplatz. Aus ihm schälten sich vier Nonnen, wie unschwer an ihrem speziellen Outfit zu erkennen war. Sie waren offensichtlich auf himmlischer Dienstreise und legten zufällig ebenfalls hier einen Zwischenstopp ein. Ich fragte die Damen im verhaltenen, ehrerbietigen Tonfall, ob sie denn Spaß verstünden? Anscheinend bemerkten sie, dass ich nichts Arges im Schilde führte und bejahten erwartungsvoll grinsend meine Frage. Darauf folgte meine Entgegnung mit gespielt verklärter Mine: „ Soviel ich weiß, sind Pinguine doch gar keine Zugvögel!?" Herzliches Lachen auf beiden Seiten beendete den kurzen Plausch vor Kaffee und Weiterfahrt.

Nachmittags kamen wir dann vor Ort an. Beim ersten Kennenlernen Auge in Auge stellten wir fest, dass die

Chemie zwischen Ilse, Heinz und den Zimmerleuten stimmte. Zur Begrüßung wurde uns ein deftiger Hirschbraten kredenzt, die Baustelle und Material besichtigt, Werkzeuge und die Blaser ausgepackt und zum Ansitz gerüstet. Es war kurz vor der Dämmerung und ein Hochsitz in der Nähe war jetzt gerade das Richtige. Starkes Rehwild und ein Fischadler kamen in Anblick. Nach dem Abendessen, vielen Erzählungen, einigen Bierchen und Kurzen schliefen wir den Schlaf der Gerechten in einem super hergerichteten Bauwagen mit Dusche und Doppelstockbetten, Kurt unten und ich oben!

Schon früh in der Morgendämmerung begannen wir bei leichten Minustemperaturen unser Tagewerk, nämlich das Verzimmern des Dachstuhles. Natürlich musste erst alles sortiert und vieles umgeschichtet werden, denn die Hölzer, die zuerst gebraucht wurden lagen, wie immer, ganz unten im Stapel. Heinz umschlich uns interessiert, aber etwas ungläubig, was Zeitplan und Fortgang der Arbeiten betraf. Da sind die Zimmerleute doch etwas anders gestrickt als die Metzger. In der Ruhe liegt die Kraft...! Der Abbund nahm dann nach dem Sortieren der Hölzer allmählich Fahrt auf. Viele verschiedene Striche, Risse und Schmiegen, diverse mysteriöse Zeichen, die etwas von Römern oder germanischen Runen hatten, wurden auf die Balken aufgebracht. Schräge Schnitte mit Kerben, quer durchbohrt, gefräste rechteckige Löcher und Hölzer mit Blatt oder Zapfen, der Metzgermeister schüttelte nur ohnmächtig den Kopf: Die schneiden alle meine Hölzer kaputt! Wie soll denn das alles zusammenpassen? ...ein berufsfremder, typischer

Winkelverbinder- und Hinhalteprobierheimwerker!

Dann wurden die ersten fertigen Kehlbalken inklusive der Kamin- und Treppenauswechslungen auf die untere Decke gehievt, vor Ort zwischen die Pfetten gelegt und mit dem Nivelliergerät ausgerichtet. Jetzt war auch Heinz zufriedener. Er konnte sein Dach wachsen sehen.

Leises Schneetreiben bei mäßigem Frost setzte ein. Es lief wie bei den Heinzelmännchen zu Köln: ....nehmen Meißel und Beil und die Säge in Eil; sie sägten und stachen und hieben und brachen, berappten und kappten, visierten wie Falken und setzten die Balken!

Kurt und ich kamen tatsächlich als super eingespieltes Team tagsüber bestens voran, sodass ich auch noch einen Ansitz bei leidlichem Mondlicht und gehauchter Schneedecke machen konnte. Kurt meinte, er könne ja noch ein Bier trinken und auf mich warten, bis ich wiederkomme. Tatsächlich schoss ich einen Überläufer und brach ihn auf dem, für Wildbrethygiene bestens eingerichteten Hof und natürlich im Hängen nach Metzgerart auf. Anerkennendes Kopfnicken erntete ich deshalb vom Gastgeber. Danach konnte das Wutzchen restlos in die ewigen Jagdgründe verbannt werden. Dies geschah wieder mit diversen Destillaten und herzhaftem Kölsch. Kurt, höflich und zuvorkommend wie immer, meinte dann: „Du weißt, ich schnarche sehr, gehe du zuerst schlafen!" Ich war es in dieser Form zufrieden! Am kommenden

Morgen brummte dann Kurt: Das hätte er sich schenken können, denn ich wäre der Weltmeister im Schnarchen!

Nach dem Abbund ging es ans Aufschlagen und Richten des Dachstuhles. Alles passte zur vollsten Zufriedenheit und der Metzger zog anerkennend gedanklich den Hut vor den Zimmerleuten! So war am Spätnachmittag, kurz vor der Dämmerung, das Dach spitz und verankert. Wieder hatte ich etwas Zeit für einen kurzen Ansitz. Ohne Beute, aber mit einem Richtbäumchen, einer jungen Kiefer, kam ich zurück. Der obligatorische Richtspruch mit allen Segenswünschen folgte dann bei Scheinwerferlicht im dichtem Schneetreiben mit geschmücktem Baum und einem Glas Rotwein, wie immer, frei auf der Firstpfette stehend. Als der geleerte Römer am Bau zerschellt und das Haus geweiht war, konnten wir uns zufrieden zurücklehnen: Richtfest, beste Bewirtung, angenehme Gesellschaft und gute Gespräche, herzhaftes Lachen, was will man mehr?!

Am kommenden Morgen hieß es dann Anhänger packen, Wildschwein mit ins Auto und die Heimreise antreten. Trotz Schietwetter und einem Umweg kam Kurt noch rechtzeitig zu Erwins Fünfzigsten.

In diesen brandenburgischen Tagen lernte ich noch jemanden kennen; eine vierbeinige Persönlichkeit namens Prinz, seines Zeichens Jagdterrier vom Allerfeinsten! Insgesamt eine bürstige Erscheinung mit einem Gang „wie ein türkischer Ringer" und einem Fangzahn aus Edelstahl. Das Original opferte er irgendwann einem Dachs. Heinz und Prinz waren unzertrennlich und verstanden sich blind. Allerdings ging Prinzchen auch mal in die nähere oder weitere Umgebung zum Jagen. Platz war ja genug! Meistens musste eine Mietze der weit verstreuten Gehöfte dran glauben, gelegentlich auch in einem Maisfeld Waschbär oder Enok. Auch machte ihm das Stellen kleinerer Schweinchen, so bis 80 kg, große Freude. Jungfüchse waren seine Spezialität. Auf die Frage: „Wo ist die Stasi?" flitzte er auf dem Gelände ein schräg stehendes Förderband hoch und saß dann bebend nach Terrierart auf einem eigens dafür angebrachtem Brett in luftiger Höhe. Dieser Rüde wäre passend für meine Ricke gewesen. Ein Wurf aus beiden, ….. sagenhaft!

Immer wieder mal, so ein bis zwei mal im Jahr zog es mich in die Märkische Heide der Wutze und der Freundschaft wegen.

Es war Hochsommer und Schnakenzeit. Heinz meinte, dass zum Nachtansitz unbedingt ein Mückenschleier und ein breitkrempiger Hut erforderlich sei. Auch wäre der Lodenmantel und die dicke Lederhose mit Stiefeln zweckmäßig. Ich gab ihm Recht und nahm ungläubig den selbstgebastelten Mückenschleier in Empfang. Er bestand aus einem baumarktüblichen Fliegennetz in schwarzer Farbe, mit 55er Nägeln zu einem Rund gesteckt, oben mit Kordel wie ein Kartoffelsack gebunden, über den Hut geworfen und weit über die Schultern fallend. Die Krempe des Hutes verhinderte so ein Durchstechen der Biester bei Hautkontakt. Auch Lederhandschuhe sollte ich anziehen. Gutgemeinte Ratschläge sollte man erst mal, wenn auch stirnrunzelnd, akzeptieren. Nochmal angemerkt sei: es waren mindestens schweißtreibende 30° C bei sehr hoher Luftfeuchtigkeit!

An einem riesigen Maisacker stand an der Längsseite ein Ansitzwagen. Den sollte ich besetzen. Da kämen sie aus allen Richtungen, besonders aber aus dem Wald des Nachbarreviers prophezeite Heinz. Glücklicherweise konnte der Pajero gerade um die Ecke des Feldes parken, sodass ich lediglich einen Fußmarsch von etwa 120 Meter hatte. Aber dies war auch schon eine Folter, denn in der Luft schwirrte es nur so vor Schnaken. Nach wenigen Schritten ohne, stülpte ich mir eiligst das Moskitonetz über. Trotz „Autan" hatte ich schon einige Stiche an Gesicht und Händen. Getreu dem Spruch meiner Ahnen: „Was warm hält, hält auch kühl!" machte ich es mir in dem Ansitzwagen bequem. Die Sonne war noch nicht ganz hinter dem Horizont verschwunden, konnte ich schon die erste Sau auf dem Stoppelfeld neben dem Mais strecken. Was ist mit dem angebrochenen Abend anzufangen? Noch eine Weile sitzen bleiben! Da kam schon die nächste Rotte Schweine. Auch daraus legte ich eine fast neben die Erste. Jetzt ist es aber genug, denn Transport und Versorgen ist bei solchem Wetter auch Arbeit.

Ich holte das Auto mit Körbchen hinten drauf und hatte gerade eine Wutz verladen, kamen schon die Nächsten. Natürlich lag die Blaser entladen im Wagen, und so kam ich nicht zu Nummer drei! Schnellstens zum Aufbrechen auf den Hof und die Schweine in die Kühlung, danach duschen und dann wieder Flüssigkeit aufnehmen. Dafür hatte ich unseren guten, oberhessischen Apfelwein aus eigenem Obst mal zum Probieren in die Kühlung gestellt. Heinz wollte/ sollte kosten! Skeptisch-widerwillig nahm er ein Schlückchen. Den Gesichtsausdruck mit den Worten: „Kann man das trinken?" werde ich ebenfalls nie vergessen. - Banause! -

Sauen habe ich einige dort erlegen können, viel gelacht haben wir und viel erzählt, aber wichtiger war es Heinz und Prinzchen aus dem Brackenland in den ehemaligen Stasirevieren kennenzulernen!

14. Muffel

Kurz nach der Wende!

Schon lange hegte ich den Wunsch auch mal im Ausland zu jagen, einfach, um da einen bescheidenen Einblick zu bekommen. Besonders „scharf" war ich auf einen Muffelwidder, hatte aber eigentlich nie das nötige Kleingeld dazu. Auch dann nicht, als Kumpel Axel mir eröffnete, es gäbe eine Möglichkeit über die katholische Kirche im Rahmen des Überlassens von Treibhäusern, in Tschechien günstig zu jagen. Das „Überlassen" entpuppte sich im Nachhinein als kostengünstige Entsorgung unwirtschaftlicher und energiefressender Gewächshäuser ins östliche Ausland unter dem Deckmäntelchen karitativer Hilfe...!

Egal, es wurden von mir sämtliche Netzwerke aktiviert, Schwarzgeld zusammengekratzt, Onkel Karl mit ins Boot geholt und zum vereinbarten Zeitpunkt den Grenzübergang Weidhaus angesteuert. Dort warteten schon ein befreundeter Schulleiter, Nichtjäger zwar, aber der Sache sehr zugetan und von der katholischen Kirchenverwaltung ein Mönch, allerdings ohne Kutte, der das Geschäftliche der Gewächshäuser wegen, abwickeln sollte. Kumpel Axel hatte wahrscheinlich Wichtigeres zu tun und kam nicht zum vereinbarten Treffpunkt. Ohne ihn ging es in meinem voll bepackten Pajero weit nach Tschechien hinein, Richtung Riesengebirge, Polnische Grenze, durch wunderschöne Landschaften!

Im dem hochgelobten Jagdland angekommen wurden wir auf die nicht sehr komfortablen, aber sauberen Quartiere verteilt, privat natürlich, war aber auch egal. Onkel Karl hatte einen Dreier Rothirsch gebucht und ich einen Muffelwidder, nach Möglichkeit einen Einwachser und nicht so stark. Noch am gleichen Abend kontaktierten uns die Jagdführer. Es begann mit einem Frühansitz am folgenden Morgen. Voller Erwartungen auf alles mögliche besetzte ich einen Erdsitz am Bestandesrand.

Wie gesagt, landschaftlich ein Traum, aber Anblick trotz gutem Wind Null. Nach einem reichhaltigen Frühstück war etwas Matratzenhorchdienst angesagt. Das Mittagessen wurde in der nahen Dorfkneipe gereicht. Hier war die mittelalte Chefin attraktiv, vollbusig und deutschstämmig. Heute gab es Kuddelsuppe, etwas gewöhnungsbedürftig, war sie doch aus gereinigtem, gekochtem Rinderpansen. Aber sie schmeckte. Nach dem Suppenkoma und einer Tasse Kaffee rüstete man dann allmählich wieder gespannt zum Abendansitz.

Mein Platz war im malerischen Herbstwald, darin eingebettet eine große Waldwiese, die einige Bewegung versprach – aber es kam wieder nichts. Allerdings hätte diese Ansitzeinrichtung den Karikaturen des Herrn Geilfuß in nichts nachgestanden. Besonders die, die den Jäger ängstlich auf einem längeren Brett sitzend, und nach einem Specht schielend, darstellt. Dieser Specht trägt nämlich die Bankauflage Span für Span ab! Eigentlich war ich froh, von diesem Radelding aus nicht schießen zu müssen. Wahrscheinlich hätte es den Rückstoß der Waffe nicht ausgehalten. Auch saß ich wieder ohne Jagdführer an...!?

Der kommende Morgen verlief ähnlich. Kein Hase, keine Maus, nichts zeigte sich. Unbehagen machte sich breit. Die Gegend war augenscheinlich wildleer.

Leicht gefrustet ging es dann am dritten Tag zur geführten Abendjagd im jungen Buchen- und Birkenmischwald. Nach längerer Fahrt musste ein verwachsener Steinbruch pirschend erklommen werden. Die Abbruchkante oben war die Staatsgrenze zu Polen. Geschätzte dreihundert Meter lang und zehn Meter breit befanden wir uns bewaffnet auf polnischem Hoheitsgebiet. Dann führte der Weg den tschechischen Abhang runter und vor uns stand unvermittelt ein Muffelwidder …. breit! Ein unvergesslicher Anblick im bunten Herbstwald! Der war zu gut! (und wahrscheinlich zu teuer!) Hier muss ich einflechten, dass ein jagdlicher Bekannter Ende der Sechziger in Ungarn einen kapitalen Rothirsch erlegte, der ihm eine 5-stellige Hypothek auf sein Haus einbrachte! Zum Vergleich: Der Stundenlohn eines Handwerkers lag zu dieser Zeit bei etwa 4,50 DM

Aber der Teufel ist ein Eichhörnchen... „Schissen, schissen!", raunte der Führer - Zweifel in mir, Engelchen/Teufelchen! - Bautz! hinterm Blatt abgekommen, Entfernung gute siebzig Meter, stehend freihändig mit der guten und zuverlässigen Blaser Bbf., 30-06 Oryx. Der Widder ging ohne erkennbares Zeichnen ab. Mein Jagdführer aber sagte: „Gutter Schuuß!" In mir wieder Zweifel. Fieber kam auf, leichtes Knieschlappern bis zum erlösenden Ruf: „Blutt!" Bergab in beginnender Dunkelheit, spärlicher Lungenschweiß, dann mehr, und endlich: „Weiheil, sagen in Deitsch!" Da stand ich vor meinem langersehnten Muffelwidder und nahm den herbstlich-gelben Birkenbruch ehrfurchtsvoll entgegen. Schweißig steckte ich ihn an den Hut! Aber so rechte Freude, wie ich sie bei einem Jährlingsböckchen, Winterfuchs oder Wutzchen in heimatlichen Gefilden empfand, vermisste ich hier trotz allem.

Aber: A gesagt, muss B zahlen! Nach einem Tottrinken mit Vesper und viel Weiheil aus der gesamten

Kneipe mit entsprechenden Umtrunken sank ich zu später Stunde doch angesäuselt und mit einem schweren Becherovkakopf in die Federn. Am folgenden Vormittag, ich hatte noch den ekligen Schnapsgeschmack auf der Zunge, verhandelten der Forstmeister und ich über den Preis, der doch einiges über meinen Vorstellungen und Vorabsprachen lag. Das Mönchlein spielte sich dabei als Moralapostel auf, indem er mir eine Standpauke über Jagdethik hielt. Auch wurde mir von der Jagdverwaltung eher beiläufig gesteckt, dass mein Jagdführer wegen des „falschen" Abschusses erhebliche Schwierigkeiten bekäme, gegebenenfalls sogar die Kündigung, wenn ich den Widder ablehnte. Dies wäre fatal seiner vielen Kindern wegen. Mein Gewissen und die Unkenntnis der tatsächlichen Gegebenheiten ließen mich den Preis dann schweren Herzens akzeptieren. Onkel Karl sprang vor Ort helfend ein! ...ewiges Danke! ... Die Widdertrophäe war mir. Silbermedaille war sie! Mir war immer noch schlecht! Das Mittagessen verschmähte ich.

Onkelchen saß nachmittags wieder nach seinem Hirsch an und ich im Pajero. Von allen allein gelassen befuhr ich eigentlich unbefugt, also verbotenerweise, das viele hundert Hektar umfassende Revier. Sollte ich kontrolliert werden, hätte ich mich eben nur verfahren...! Hier und da stellte ich das Auto ab und ging etwas neben den Wegen um nach guter, alter Jägermanier eventuell Fährten von durchwechselndem Wild zu finden. Spionieren und Gummipirsch nennt man das heute! Spärlich wurde ich auch fündig. Besonders interessierten mich jetzt aber die viel weiter hinten ausfindig gemachten, gegatterten Waldwiesen in verschiedenen Größen, gut verwachsen hinter Hecken und Gebüsch mit verstreuten kleineren Hütten und Unterständen. In ihnen erblickte ich viel und kapitales Wild. Starkes Rotwild, riesige Damschaufler, dicke Keiler, Muffelwidder aller Stärken, Axishirsche und auch einen Wapiti konnte ich sicher ansprechen! Wer hatte den Tierpark hier eigentlich angelegt?... Ein Schelm, der Böses dabei denkt! ...Onkel Karl war abends der präsentierte Hirsch zu gut und er schoss trotz Aufforderung nicht!

Später kamen wir wieder in die Kneipe zum Abendessen. Eine Jagdgesellschaft aus dem Pott, anscheinend sehr gut betucht, feierte inklusive der einheimischen (und zufälligen!?) Kneipenbesuchern, den glücklichen Erleger eines Axishirsches!

Während des gesamten Aufenthalts in diesem allseits gelobten Jagdland sah ich keinen einzigen Jagdhund, von brauchbar möchte ich gar nicht reden. Abschlie-

253

ßend sollte ich noch erwähnen, dass ich trotz der großzügigen Hilfe von Onkel Karl auf der Heimfahrt noch einen mords Trappel mit ihm hatte, derweil ich an der Grenze zu Deutschland nicht auf das Balzen von besonderem Wild reagierte, welches in Scharen am Straßenrand parodierte. Der landläufige Name dafür ist Stöckelwild oder auch Bordsteinschwalben.

15. Jagen und Musik

Schon meine Großväter waren neben ihren herausragenden handwerklichen Fähigkeiten als Zimmerer, Brunnen- und Treppenbauer nach Feierabend auch sehr der Muse zugetan. Karl und seine Brüder waren größtenteils 1910 Mitbegründer des Posaunenchores und des späteren, daraus hervorgegangenen Musikvereins. Ihre Instrumente waren Flügelhorn, Trompete, Tenorhorn und das Horn in Es. Friedrich hingegen lenkte als Vorsitzender viele Jahre die Geschicke des Männergesangvereins und sang einen hervorragenden Bass. Unser Vater war Posaunist und ebenfalls jahrzehntelang Vorstand unserer Musikabteilung. Hin und wieder spielte er vor unserem Schlafengehen irgendwelche Liedchen, die wir auch gerne mitsangen. „Der

Mond ist aufgegangen...!" und der „Abendsegen" aus Hänsel und Gretel sind darum wohl fest in meinem Gedächtnis verankert und gehören zum Grundrepertoire unseres Hornquartetts.

Aufgrund dieser musikalischen Vorprägung und geweckten Interesses lernte mein älterer Bruder Trompete und ich plagte mich nach grässlichen Quieksern auf der Schwarzwurzel (Klarinette) mit einem uralten Tenorhorn herum, dem ich aber trotz vieler Dellen und Beulen nach einigem Üben leidliche Töne entlocken konnte. Der Satz meines Vaters: „Wir brauchen einen Schlagzeuger! Das wäre doch etwas für dich!?," war zwei Jahre später für mich das Tor zu einer neuen, musikalischen Welt. Viele Kilometer auf dem Fahrrad, natürlich ohne Gangschaltung, und mit der kleinen Trommel im alten Militärrucksack war ich wöchentlich bei Wind und Wetter zum Unterricht unterwegs. Meine Begeisterung für das Schlagwerk gipfelte Anfang der Siebziger im Heeresmusikkorps II in Kassel. Hier erkannte ich aber gegen Ende meiner Dienstzeit, dass ich nicht zum Profimusiker geboren war und wandte mich wieder meinem geliebten Handwerk, der Zimmerei, und in der Freizeit unserem recht guten Musikverein und der Jagd zu. Heimatliebe war sicherlich auch eine der Triebfedern dieses Entschlusses.

Handhabung und Griffe des Blasinstrumentes waren mir aber in Fleisch und Blut übergegangen, wie es sich nach vielen Jahren dankenswerterweise herausstellen sollte. Irgendwann, so mit elf/zwölf bekam ich von Onkel Karl ein gebrauchtes und ramponiertes Fürst-Pless-Horn in die Hand gedrückt: „Mach mal los, wir brauchen Jagdhornbläser, ich kriege das nicht gebacken!" Mir leuchteten die Augen, ging doch mit dieser Leihgabe ein lang gehegter, aber damals für mich unerschwinglicher Wunsch in Erfüllung. Mit meinen Notenkenntnissen und den Merkversen von Frevert, gepaart mit dem nötigen Enthusiasmus und Fleiß, war das Jagdhornblasen nach der nötigen Instrumentenpflege kein Problem für mich. Meine Hunde, mein Hörnchen und ich waren in den Sechzigern und Siebzigern auf vielen Jagden gern gesehen. Dieses geliehene Horn ist nun das Alltagshorn. Im Lauf der Jahre ging es stillschweigend in mein Eigentum über. Beide Enkel entlocken diesem Hörnchen mittlerweile brauchbare Töne und die ersten Jagdsignale.

Später erweiterte ich meine jagdliche Instrumentensammlung um ein Parforcehorn mit Umschaltventil von Es nach B. Hubertusmesse, Abschied vom Walde, Großer Gott, wir loben dich, das Große Halali, alle Jagdsignale, uvm. gehen, auf diesem Instrument gespielt, tief unter die Haut. Natürlich muss man diese Naturtonmusik aber auch mögen! Besonders erwähnen möchte ich an dieser Stelle das Parforcehorncorps aus Blankenhain in Thüringen, welches die Treffen des Vereins Ardennenbracken in hervorragender Weise stimmig und gefühlvoll einleitet. Andächtig gehört und voller Bewunderung der Brackenleute erzeugen die jagdlichen und stimmigen Klänge dieses Ensembles immer wieder innerliche jagdliche Einkehr.

In einem anderen Zusammenhang sprach ich schon das Alphorn an, welches ich vor vielen Jahren in den Bergen gehört und angespielt hatte. Ich nutzte die Gelegenheit anlässlich einer Familienfeier, auf der ein solches auftauchte, auf diesem Instrument verschiedene Fantasien und sogar Jagdsignale zu spielen. Dieser weittragende und urtümliche Klang der Berge, ... ebenfalls Musik, die mein Herz höher schlagen lässt und Sehnsucht weckt! Liebe Erinnerungen habe ich auch an die Pfalz, wo anlässlich eines schnuckeligen Weihnachtsmarktes vier Alphörner bekannte Weihnachtslieder nahezu in Perfektion zu Gehör brachten. Wenn ich nicht irre, wohnte dort in der Nähe auch Helmut Kohl...!

Gedankensprung von Helmut zu Helmut: ... Kumpel Helmut hatte ebenfalls Spaß am Jagdhorn, und wie kann es anders sein, an Weihnachten lag auch für ihn ein Fürst Pless unterm Christbaum. Auf meinem altertümlichen Hörnchen hatte er schon des Öfteren probiert, und so kamen auch bald bei ihm Töne, die man hören konnte. Helmut mit Arko und ich mit Arry waren sehr oft in Feld und Wald unterwegs. Unsere Hörner hatten wir stets am Mann und bei passender Gelegenheit oder geeignetem Standort erklangen zweistimmig verschiedene Signale von der Begrüßung über das hohe Wecken, alle Totsignale, bis hin zum Halali. Einige Leute aus dem Dorf, die uns gelegentlich hörten, sprachen uns auf die Jagdmusik an und betonten immer wieder, wie schön und melodisch wir doch spielen könnten. Tatsächlich und ohne

Eigenlob hatten wir guten Ansatz und durch das häufige Zusammenspiel klangen wir auch relativ sauber und stimmig. Des öfteren bekamen wir sogar Antwort aus dem Dorf. Karl-Ludwig, ebenfalls ein Posaunist unseres Orchesters, stand am Ortsrand auf seinem Balkon und wetteiferte mit uns musikalisch im Duett. Tolle Zeiten waren das, unbeschwert und herrlich.

Dann, nach etlichen Jahren als Orchesterschlagzeuger, Mucker und Militärmusiker kehrte ich Ende des vergangenen Jahrhunderts an das Horn zurück. Ein Waldhorn als Doppelhorn in der Orchesterversion mit seinen mannigfachen Möglichkeiten und Stimmungen nenne ich mein Eigen. Gefertigt von Meister Hoyer im Vogtland, dem Musikerviertel Deutschlands, übt es immer wieder eine Faszination sondergleichen auf mich aus. Dieses Instrument generell ist wegen seiner Klangfülle und melodischer Vielfalt aus den verschiedensten Orchestern und Besetzungen in Klassik, Moderne, Jazz, uvm. weltweit nicht mehr wegzudenken.

Weiter vorne erwähnte ich schon das „Große Halali" in der 5-stimmigen Bearbeitung für Waldhorn, welches wir als letzten Gruß am Grab eines Jägers und Hornkollegen spielten....!

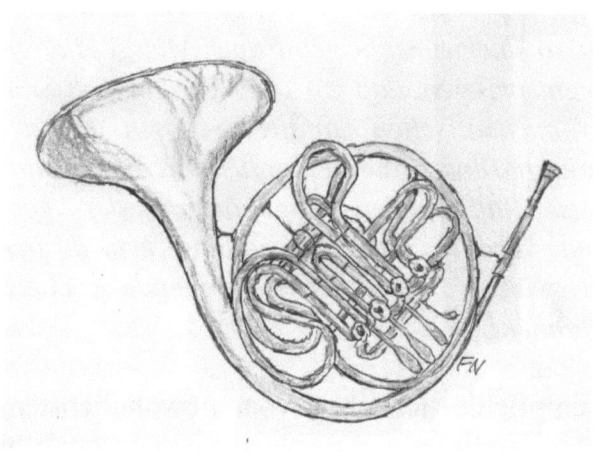

Jetzt möchte ich einen Absatz aus dem „Neuen Musikalischen Complimentierbuch" von J.J.Alberti 1806 einflechten:

„Der gebildete Kavalier mag das Waldhorn auf grüner Flur zur Jagd und Pürsch wohl brauchen, enthält sich aber im Allgemeinen seiner Übung zu musikalischem Zwecke, intestinalen (berechnend) die Diffizil jenes Instrumentes seinen Gebrauch in der Kammer fast zur Gänze aussetzt. Um auf dem Waldhorn eine den Ohren wohlgefällige und einschmeichelnde Musik produzieren zu können, bedarf es mühereichen Fleißes. Gar leichtlich mag es doch geschehen, daß der Odem des beflissenen Bläsers sich in der ausnehmenden Länge des Tonrohres verirret oder die Gespanntheit seiner aufs künstlichste gestrafften Embouchure (Lippen/Ansatz) einem Einfall momentaner Lippenschwäche unterworfen wird. Dieß alles bewirket, daß dem Instrument inmitten einer süßen Canti-

lena so unerwünscht grausame Missgebilde von Tö-
nen entspringen, daß vor allem, wenn sich Suiten sol-
cher musikalischen Unfälle ereignen und den mal-
heuresen Bläser damit konfusionieren, es auch den
artigst lauschenden Angehörigen der gebildeten
Stände größte Müheaufwendung erförderlicht, die
sich zwangsmaaßen herbeidrängende Lächerlichkeit
zu bannen!"

Es empfiehlt sich also, vom gewöhnlichsten preis-
werten Jagdhorn aus fernöstlicher Fertigung bis zum
nobelsten Waldhorn deutscher Herstellung oder jedes
anderen Blasinstrumentes durch fleißiges Üben lan-
ger Töne in allen Tonlagen den Ansatz zu festigen.
Man beginnt in mittlerer Tonhöhe und erweitert dann
den Tonumfang nach unten und oben. Sehr gut ist
auch im Fortgeschrittenenstadium ein regelmäßiges
Blasen mit Stimmgerät zur Gehörschulung, um best-
möglichen Klang im gleichmäßigen Luftstrom und
ohne Kraft anzustreben. Auch muss ich den vielen
Jagdhornbläsern, weiblich wie männlich, die sich in
den verschiedensten Gruppen und Konstellationen
zusammengefunden haben, meine Hochachtung zol-
len. Ist doch unsere Jagdmusik, gelebtes und dadurch
lebendiges Brauchtum! Allerdings sollte eine Über-
treibung mit den in Mode gekommenen Ventilhörnern
in Plesshornform nicht überliefertes Brauchtum stö-
ren. Ein Flügelhorn in B wäre die sinnvollere An-
schaffung aus musikalischer Sichtweise! ...wenn-
gleich auch die grüne Lederwicklung fehlt. (:-)

„Nur der ist ein rechter Jägersmann, der den Ruf des Hornes deuten kann!"

Zufällig entdeckte ich in diesem Zusammenhang auch eine Zeichnung von Heinz Geilfuss, die den Jägergroßvater mit Waldhorn am Bettchen des Enkels zeigt: „Opas Wiegenlied"....

Wenn der Wildschaden besonders hoch oder die Gefriertruhe fast leer ist, opfere ich auch mal eine Orchesterprobe der Jagd. Irgendwann einmal im Spätherbst, es war gutes Mondlicht, direkt nach der Übungsstunde, verließ ich unter Gefrotzel der MusikkollegInnen die gemütliche Thekenrunde um mich zum Ansitz zu begeben. Die einfache Fahrzeit ins Revier betrug ca. 30 Minuten. Ich hatte intuitiv den Erdsitz an der Buchwaldsmühle gewählt, des Wiesenschadens wegen. Diesen konnte ich auch zu später Stunde leise, gedeckt und fast bei jedem Wind von Günters Feldscheune aus erreichen. Hinsetzen, Blaser in die Ecke, Glas hoch, Sau kommt aus der Grenzhecke, Bautz, sie liegt im Knall. Glück gehört einfach auch dazu!

Entgegen meiner sonstiger Gepflogenheit packe ich sie sofort ins Körbchen und fahre direkt wieder zur besagten Thekengesellschaft. „Ich dachte, du wolltest raus?", so die ironische Frage an den, mit erdigen Gummistiefeln bekleideten und mit Bruch geschmücktem Hut im Raum stehenden, Jägersmann. „Ich war nur beim Wildhandel!" so mein Kommentar, als die Wutz im Körbchen bestaunt wurde. Inklusive der Fahrzeit waren höchstens 90 Minuten vom Verlassen des Proberaumes incl. dem Sprung in die Lederhose daheim, bis zur Rückkehr in dieselben Räumlichkeiten vergangen. „Ich breche schnell zuhause auf und komme dann wieder!" Es wurde eine lange Nacht.

In Zeiten, in denen das Jagdhorn zur Signalgebung und Lenkung der Jagden absolut notwendig war, wurde ich schon als jugendlicher Treiber oder Jagdhelfer mit Horn und Hund meistens mit angestellt oder bei den großen Wetterauer Feldjagden als Treiber nach dem zuerst ablaufenden und ortskundigem Schützen abgeschickt. Nach dem Schließen des Kessels kam das Signal „Das Ganze" und „Anblasen des Treibens". Jäger und Treiber bewegten sich nun mit lautem „Hopp, hopp" auf die Mitte des weiträumigen Kessels zu. Dadurch zog sich das Jagen zusammen und es verringerte sich der Abstand der Hasenjäger. Auf etwa doppelte Schrotschussentfernung der Schützen folgte dann das Signal „Treiber rein". Die Jäger blieben auf ihren momentanen Plätzen stehen und durften nur noch nach rückwärts, d.h. aus dem Kessel schießen. Die Treiber dagegen hatten die Aufgabe weiterzugehen, die Hasen in der Mitte auf die Läufe zu bringen und zum Verlassen des Kessels zu bewegen. „Hahn in Ruh!" ertönte dann zum Ende des Treibens. Die Flinten wurden entladen und aufgeklappt getragen. Am Sammelplatz, „Folge" genannt, wurden die erlegten Hasen vorläufig ausgedrückt, d.h. die Blase geleert, geheest und am Streckenwagen aufgehängt. Der nächste Kessel konnte angegangen werden.

Anlässlich eines Waldtreibens in den letzten Ausläufern des Vogelsbergs, dem „Enzheimer Köpfchen", bei dem ich als Bläser und Hundeführer den Jagdherrn begleitete, standen wir beide einige Zeit ruhig zusammen. Wir hörten entfernt die Treiberwehr und warteten geduldig auf Wild. Den Beständer drückte offensichtlich die Blase, wie ich unschwer seiner Gestik entnehmen konnte. Er musste sich erleichtern. Vorher reichte er mir seine 12er Doppelflinte mit den Worten: „Da kommt gleich ein Hase! Den schießt du!" Etwas verdutzt, aber hocherfreut nahm ich das Monstrum mit Biberschwanzvorderschaft und machte mich vertraut damit. Eine Anschlagübung folgte. Ich hatte gerade die Flinte wieder am langen Arm, als tatsächlich etwas weiter oben ein Hase durch das Farnkraut rückte. Meine Schrote bannten ihn an den Platz und Arry apportierte. Dies war mein erster Hase! ...vollkommen unspektakulär! ...allerdings lange vor meiner Jägerprüfung!

Unbedingt erwähnenswert im Zusammenhang mit Jagdmusik ist einer meiner Vorpächter in Kaulstoß, Dr. Helmut Beyer, der ein gutes Dutzend einheimischer Nichtjäger motivieren konnte, Jagdhorn zu blasen. Dieses kleine Ensemble hatte seinen Ursprung im damaligen Vogelschutzverein, heute NABU, war einheitlich jagdlich gekleidet und umrahmte diverse Feierlichkeiten in Nah und Fern. Musikalität und Feingefühl bei ihrem Vortrag begeistern mich noch heute! Zum 50jährigen Jubiläum dieser Natur- und Vogelschutzgruppe spielte Ellen und ich auf unseren Waldhörnern zur Ehrung der verstorbenen Mitgliedern den Andachtsjodler zur Einleitung der Feierstunde. Es folgte eine beeindruckende Predigt des örtlichen Pfarrers zur Schöpfung. Das Lied vom „Guten Kameraden" nach Verlesung der Geehrten und abschließend das „Große Halali" beendete die Feierstunde.

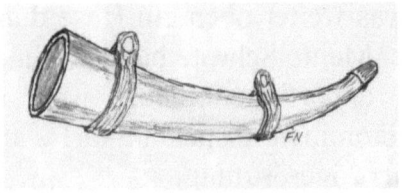

Abschließend möchte ich noch anfügen...

Diese gedruckten Zeilen sind im erweiterten Sinn auch ein Zeitdokument, entstanden einerseits auf Anregungen einiger Freunde, die ab und an bei den geschilderten Begebenheiten zugegen waren. Andrerseits wäre es bestimmt auch schade, wenn dieses tatsächlich Erlebte sang- und klanglos in der Versenkung verschwinden würde. Der Blick in das gelebte Waidwerk des kleinen Jagdaufsehers wirft bestimmt ein anderes Licht auf unseren grünen Lebensinhalt. Es ist mir aber auch ein besonderes Anliegen, meinen Enkeln diese Facette des Opas aufzuzeigen.

Ein herzliches Waidmannsdank für eine wundervolle Zeit möchte ich den inzwischen verstorbenen Jagdfreunden Karl Erk, Willi Kötter, Adolf Hübner, Dieter Mühlig, Dr. Werner Reutzel, Hermann Walter, Karl-Horst Reuter und Lothar Fahlteich sagen.

Für aufrichtige Jagdfreundschaft und kameradschaftliche Aufnahme auch in ihren Revieren geht ebenfalls ein herzliches Waidmannsdank an Günter Neumann, Andreas Schimmelpfennig, Otto Jehner, Heinz Elbracht und Horst Schmidt.

Hilfreich und mit positiver Kritik bei der Entstehung dieses Werkes standen mir meine Ehefrau, meine Tochter, Jürgen Wirtz und Sina Emrich zur Seite.

Dem Ehrenkodex der Nachsuchenführer
verpflichtet…!

© 2024 Friedrich Nickel
Herstellung und Verlag: BoD – Books on
Demand, Norderstedt
ISBN: 9783759722010